Lebendige Industrie

Blicke in das Konzernarchiv
der Georg Fischer AG

Franziska Eggimann

HIER UND JETZT

Vorwort

Mit Respekt und Dankbarkeit blicken wir in diesem Fotobuch zurück auf die Anfänge der Industrialisierung bis in die 1970er-Jahre und rufen damit in Erinnerung, was frühere Generationen erarbeitet und erschaffen haben. Es sind die Menschen, die ein Unternehmen prägen. Alle tragen zu dessen Gesamtleistung bei, was in der breiten Auswahl der Fotografien aus Geschichte und Alltag eindrücklich zu sehen ist.

Die über 150 Fotografien erlauben, zusammen mit den fachkundigen Erläuterungen, spannende und erhellende Einblicke in die industrielle Tradition der Schweiz, des nahen Auslands sowie in die Entwicklung von Georg Fischer (GF). Die Bilder sind eigentliche Kleinode. Etwa ein Viertel der hier publizierten Fotografien ist Bestandteil der wertvollen Glasplattensammlung des Konzernarchivs der Georg Fischer AG, das insgesamt rund 130 000 Aufnahmen von den Anfängen der Fotografie bis heute umfasst. Das Archiv – ein Kulturgut von nationaler Bedeutung – ist Ausdruck unserer Pflege des historischen und kulturellen Erbes des Unternehmens.

Das Fotobuch ist Teil des Jubiläums «100 Jahre GF im Klostergut Paradies». Vor 100 Jahren, 1918, kaufte GF in Schlatt im Kanton Thurgau zwei grosse Bauernhöfe. Beweggrund für diese für einen Industriebetrieb auf den ersten Blick etwas erstaunliche Akquisition war die Möglichkeit, auf dem zugekauften Land Lebensmittel zu produzieren. Ein Grossteil der Ernte wurde günstig an die Mitarbeitenden der Fittingsfabrik im nahe gelegenen Singen (Deutschland) verkauft oder in der Kantine verwendet. Zu einem der beiden Bauernbetriebe gehörte das ehemalige Klarissenkloster Paradies. Während vieler Jahre nutzte GF dieses Gebäude für Arbeiterwohnungen, später für Alterswohnungen und nach dem Zweiten Weltkrieg unter anderem als Sitz der Stiftung Eisenbibliothek. Seit 1974 dient das sorgsam restaurierte Klostergebäude hauptsächlich als Ausbildungszentrum des Konzerns. Auch das Konzernarchiv hat hier den notwendigen Platz gefunden. Dieses Fotobuch ist der sichtbarste Beitrag des Konzernarchivs der Georg Fischer AG im Rahmen dieses Jubiläums.

Konstanten prägen die Geschichte von GF

Ein Blick zurück auf die wechselvollen Jahre des Konzerns lohnt sich. GF ist als eine der Charakterfirmen des Landes Teil der schweizerischen Industriegeschichte. Es ist ebenso erstaunlich wie beeindruckend, wie letztlich wenige Konstanten seine Geschichte prägten: Dazu gehört das stetige Bemühen, sich mit den Besten zu messen und sich zu immer neuen, herausragenden Leistungen anzuspornen. Im ausgehenden 18. und im 19. Jahrhundert war England das Mass aller Dinge. Johann Conrad Fischer (1773–1854), der Gründer des Unternehmens, besuchte England insgesamt acht Mal, und sein Bestreben war es, im Mutterland der ersten industriellen Revolution mit seinen Innovationen wissenschaftliche und kommerzielle Anerkennung zu gewinnen. Ein hohes Ziel, das er dank seines Erfindergeists und seiner Hartnäckigkeit immer wieder erreichte.

Dazu gehört die frühe Internationalisierung des Unternehmens. Johann Conrad Fischer blieb mit seiner Heimatstadt Schaffhausen stets fest verbunden, dachte und handelte aber international. Er beherrschte vier Fremdsprachen, hatte mehrere Jahre im Ausland gelebt und gründete Niederlassungen oder ging Beteiligungen in mehreren europäischen

Ländern ein. Am erfolgreichsten erwiesen sich die von seinen Söhnen geleiteten österreichischen Firmen. Die dritte und vierte Generation Fischer bauten nach dem Tod des Firmengründers den Gewerbebetrieb in Schaffhausen zu einem modernen Industriebetrieb aus und legten so – zusammen mit dessen bahnbrechenden Erfindungen – den Grundstein für das grosse Wachstum in der zweiten Hälfte des 19. Jahrhunderts.

Dazu gehört, dass der Forschung und Entwicklung seit der Gründung des Unternehmens eine grosse Bedeutung beigemessen wurde. Darauf aufbauend konnte GF immer wieder innovative Produkte und Dienstleistungen entwickeln und sich so neue und grössere Märkte erschliessen.

Und dazu gehört, dass GF über all die Jahre und bis heute von starken Unternehmenswerten geprägt ist. Den Bedürfnissen der jeweiligen Zeit entsprechend, hat das Unternehmen Initiativen und Aktivitäten unterstützt und gefördert, die dem Wohl der Mitarbeitenden, ihren Familien und der Allgemeinheit zugutekamen und -kommen. Auch dies ist eine «Tradition», der sich GF bis heute verpflichtet fühlt.

Und schliesslich unterstreicht diese illustrative Geschichte des Konzerns, dass die grösste Konstante der stete Wandel ist. Immer wieder galt es, Bewährtes und Erfolgreiches infrage zu stellen und neue Wege zu suchen und zu gehen. Im Verlauf der über 200-jährigen Geschichte hat sich GF gewissermassen mehrmals neu erfunden. Wenn einst erfolgreiche Produkte und Prozesse nicht mehr gefragt oder konkurrenzfähig waren, hat man sich in einem oft schmerzhaften Prozess davon getrennt und dafür andere vielversprechende Projekte und Produkte gefördert.

Wir dürfen deshalb in einer Zeit, die als die Ära der vierten industriellen Revolution, als Industrie 4.0, bezeichnet wird, mit Stolz und Freude feststellen, dass die Gründung dieses Unternehmens in die Zeit der ersten industriellen Revolution zurückführt und dass GF bis heute in ausgewählten Märkten und Produktbereichen zu den führenden Industriebetrieben weltweit gehört. Dank dieses Fundaments und Erbes der früheren Generationen werden wir auch neue Herausforderungen erfolgreich meistern. Dies ist für uns Auftrag, Verpflichtung und Ansporn zugleich.

Wir danken allen, die zum guten Gelingen dieses Werks beigetragen haben, allen voran dem Team des Konzernarchivs und seiner Leiterin, Franziska Eggimann, sowie dem Verlag Hier und Jetzt, Baden, für die gute Betreuung. Gerne wünschen wir allen das schönste Lob, nämlich dass das Buch mit Freude gelesen wird.

Andreas Koopmann
Präsident des Verwaltungsrats

Yves Serra
Präsident der Konzernleitung

09
Das Unternehmen.
Vom ausgehenden 18. Jahrhundert bis heute

23
Bildergeschichten
- 24 Johann Conrad Fischer
- 28 Fittings I
- 32 Stapelguss
- 36 Unfallverhütungsdienst
- 38 Soziales Wirken
- 40 Labor
- 42 Maschinenfabrik
- 44 Werkschule
- 46 Leistungsschau
- 50 Weltweit im Einsatz
- 52 Grossstahlguss
- 56 Überseetransport
- 58 Kochgeschirr
- 62 Schrottwirtschaft
- 64 Feuerwehr
- 66 Panzer
- 70 Jubilare
- 72 Frauenarbeit
- 74 Simplex
- 76 Kalkstein
- 78 Sanitätsdienst
- 80 Arbeiterkinder
- 82 Messen
- 84 Spedition
- 88 Werkbahn
- 90 Eisenbibliothek
- 92 Werkschliessungen
- 96 Hollerithabteilung
- 98 Werk Singen
- 100 Kunststoff
- 104 Öfen
- 106 Bührer-Anlage
- 110 Fittings II
- 112 Freizeit
- 114 Leichtmetallguss
- 118 Trilex
- 120 Elektroarmaturen
- 124 Textilmaschinen
- 126 Kopierdrehmaschinen
- 130 Einheimische Wasserkraft
- 132 Eisenbergwerk Gonzen
- 134 Automobilguss
- 136 Expansion
- 140 Eisenbahnmaterial
- 142 Funkenerosion
- 144 Besuchstage
- 148 Plastikflaschen
- 150 Temperguss
- 152 Klostergut Paradies
- 154 Werkfotograf

157
Fotoreportagen
- 158 Jakob Tuggener
- 186 Max Graf

206 Literaturverzeichnis
207 Bildnachweis

Das Unternehmen. Vom ausgehenden 18. Jahrhundert bis heute

Von Roland Gröbli

Die Anfänge des heutigen Konzerns Georg Fischer (GF) fallen in die Zeit der ersten industriellen Revolution im ausgehenden 18. Jahrhundert. Mit Stolz kann das in einer schweizerischen Kleinstadt am Rhein beheimatete Unternehmen feststellen, dass es über mehr als 200 Jahre hinweg immer wieder zu den technologisch führenden Industrieunternehmen der Schweiz und darüber hinaus gehört hat. Charakterisieren lässt sich die Geschichte von GF durch wenige wichtige Konstanten: Sich mit den Besten zu messen, gehört ebenso dazu wie das beharrliche Bemühen um Innovationen und die frühe Internationalisierung des Verkaufs und der Produktion.

Sich mit den Besten messen: die Anfänge bis 1854

Die ersten Erwähnungen des Unternehmens führen zurück in die Jahre vor 1760, als der Vater des Firmengründers in der Stadt Schaffhausen mit der Produktion von Feuerspritzen begann. 1797 übernahm Johann Conrad Fischer (1773–1854) von seinem Vater, der den gleichen Namen trug, die in zweiter Generation betriebene Kupferschmiede und erweiterte sie zunächst durch eine erste bescheidene Metallgiesserei. Als offizielles Gründungsjahr des traditionsreichen Schaffhauser Unternehmens gilt 1802. In jenem Sommer legte der damals 29-Jährige den eigentlichen Grundstein zur späteren Weltfirma. Er erwarb ausserhalb der Stadt im nahe gelegenen Mühlental eine kleine Kräutermühle und errichtete dort eine Schmelzerei für die Erzeugung von Gussstahl.

Der Kauf der Liegenschaft war in mehrfacher Hinsicht von besonderer Bedeutung. Im Mühlental konnte Fischer mit der Wasserkraft der Durach, so der Name des Baches, erste und aus heutiger Sicht bescheidene mechanische Kräfte nutzen. Des Weiteren entzog er sich mit dieser Produktionsstätte dem Zwang der Zünfte, welche innerhalb der Stadtmauern ein strenges Auge auf neue

Produktionsformen hatten und den Mitgliedern vorschrieb, welche Produkte von wem hergestellt werden durften. Und vor allem vollzog er mit dem Wechsel von den Buntmetallen Bronze, Kupfer und Messing zu Eisen und Stahl einen entscheidenden Schritt hin zu zukunftsträchtigen Werkstoffen. Seine bevorzugten Kunden wurden die Uhren-, die Textil- und die Maschinenindustrie, Kunden also, die Produkte höchster Qualität suchten.

Zeitlebens arbeitete Johann Conrad Fischer an Innovationen. Er war wissbegierig und pflegte – obwohl persönlich eng mit seiner Heimatstadt verbunden – weltweit regen Kontakt mit den Besten seines Fachs. Mit der Erfindung des Meteorstahls (heute Nickelstahl), des Tempergusseisens und des Stahlformgusses gehört er zu den Pionieren in der metallverarbeitenden Industrie. Er legte, mehr mit diesen Innovationen als mit seinem Betrieb, den Grundstein für den heutigen Konzern und blieb dessen prägende Figur bis zu seinem Tod im Jahr 1854.

Lokale Wurzeln, internationale Ausrichtung

Die Herkunft aus einer kleinen Schweizer Stadt war für Johann Conrad Fischer nie ein Nachteil. Bereits sein Vater hatte sechs Jahre in England gelebt und praktisch den gesamten europäischen Kontinent während einer neun Jahre dauernden Wanderschaft als Geselle kennengelernt. Johann Conrad Fischer selbst erhielt in Schaffhausen eine solide Ausbildung im städtischen Gymnasium. Seine Sprachkenntnisse waren beeindruckend: Er studierte Latein und Griechisch und sprach und schrieb – zusätzlich zur (schweizer-) deutschen Muttersprache – ausgezeichnet Französisch und Englisch.

Mit dem Gymnasium absolvierte er beim Vater eine Ausbildung zum Kupferschmied. Kaum war diese Lehre beendet, bereiste er von 1792 bis 1794 als Wandergeselle verschiedene Länder Europas und besuchte erstmals England. Insgesamt acht Mal hielt sich Fischer im Mutterland der ersten industriellen Revolution auf, der wirtschaftlich und politisch führenden Nation jener Zeit. Seine letzte Reise nach England führte den bereits 78-jährigen, hochgeschätzten und bekannten Pionier der Metallurgie 1851 an die Weltausstellung nach London.

Auf all diesen Reisen war Fischer ein aufmerksamer Beobachter und dank seiner Fremdsprachenkenntnisse ein geschätzter Gesprächspartner. Seine Beobachtungen hielt er in Tagebüchern fest, von denen er mehrere publizierte. Sie zeigen die gesellschaftlichen Umwälzungen und Herausforderungen jener Zeit, wiedergegeben durch den klaren und unvoreingenommenen Blick des umherreisenden Besuchers. Für den amerikanischen Historiker David S. Landes (1924–2013), den Autor des Standardwerks «Wohlstand und Armut der Nationen», sind Fischers Tagebücher von «unschätzbarem Wert». Über Fischer selbst schrieb Landes, er sei ein «scharf beobachtender und rastlos umherreisender Besucher anderer Länder».

Epochemachende Innovationen

Johann Conrad Fischer gelang 1806 in der bescheidenen Werkstatt in Schaffhausen seine aus heutiger Sicht eindrücklichste Innovation: die Herstellung eines qualitativ hochstehenden Tiegelgussstahls, und zwar unabhängig vom bestehenden Verfahren der Engländer, deren Monopol er damit brach. Als der französische Kaiser Napoleon Bonaparte (1769–1821) mit der Kontinentalsperre alle Exporte von England auf das europäische Festland verbot, trug dies Fischer Aufträge aus ganz Europa ein, war er doch in der Lage, «englischen Stahl», ein Produkt so gut wie jenes der Engländer, herzustellen. Stellvertretend für die grosse Beachtung, die er mit dieser Entwicklung fand, sei der Besuch von Zar Alexander I. (1777–1825) in Begleitung seiner Schwester, der Grossfürstin Katharina (1788–1819), in der Schaffhauser Werkstatt genannt. Dieser hohe Besuch im Jahr 1814 gehörte zu den persönlichen Höhepunkten des an spannenden Begegnungen reichen Lebens von Fischer.

Während seiner gesamten unternehmerischen Tätigkeit blieb Johann Conrad Fischer der Forschung verpflichtet. Mit beinahe rastloser Hingabe widmete er sich der Weiterentwicklung seiner Innovationen. 1827 gelang ihm die Herstellung eines schmiedbaren Gusseisens, des Tempergusses. Es war seinem Enkel, Georg Fischer II (1834–1887), vorbehalten, diese Innovation industriell zu nutzen und so den ersten grossen Wachstumstreiber des Konzerns zu lancieren. Und als über 70-Jähriger erfand Johann Conrad Fischer den für die Metallindustrie wichtigen Stahlformguss. Andererseits hatte er sich um 1825 ganz von der Produktion von Feuerspritzen und Glocken verabschiedet und sich in Schaffhausen auf die Produktion von Stahl und von Feilen konzentriert.

In seinem unternehmerischen Bestreben sah Fischer nie Grenzen, sondern immer Chancen. 1819 unterstützte er den Aufbau einer Stahlfabrik in La Roche bei Montbéliard (Frankreich), und ebenso schloss er in jener Zeit Lizenzverträge mit Firmen in London (England) und Lüttich (Belgien) ab. Nahezu alle seine Erfindungen liess er aufgrund der in Österreich vorteilhaften Patentgesetzgebung dort patentieren. Zudem gründete er in Österreich drei Stahlgiessereien, unter anderem 1827 eine in Hainfeld und 1833 eine in Traisen. Unter der Leitung seiner Söhne vollzogen diese den Schritt zur industriellen Produktion.

Dem Fortschritt und der Gemeinschaft verpflichtet

Während die österreichischen Unternehmen florierten und den väterlichen Betrieb in Schaffhausen an Grösse bald übertrafen, war Fischer in Frankreich und England weniger erfolgreich. Das hing auch mit dem frühen Tod seines ältesten Sohnes Johann Conrad Fischer junior (1799–1830) zusammen, der bei einem Schiessunfall in Belgien starb. Der mehrfach ausgezeichnete Ingenieur war mit einem Joint Venture in Belgien und der Markteinführung des Tempergusses in England beschäftigt. Diese Pläne wurden nach seinem Tod nicht weiterverfolgt.

Johann Conrad Fischer, der seine immense Schaffenskraft auch grosszügig Stadt und Kanton Schaffhausen in verschiedenen Ämtern zur Verfügung stellte, verstand sich nie als Unternehmer, der primär in eigener Sache tätig war. Auch in seinen Tagebüchern zeigte sich der rastlose Erfinder und Reisende als Mann mit unstillbarem Bildungshunger, der im wissenschaftlichen und technischen Fortschritt seiner Zeit die Chance der Verbesserung der Lebensbedingungen und der Weiterentwicklung der menschlichen Gesellschaft sah. Dies vor allem auch durch die Förderung der Bildung in allen Gesellschaftsschichten.

Mit Innovationen zum Erfolg: 1854 bis 1902

Die zweite Phase des heutigen Konzerns begann mit dem Neuaufbau in Schaffhausen nach dem Tod des Firmengründers. Nur noch zwei Personen arbeiteten im Betrieb in Schaffhausen, den Johann Conrad Fischer bis kurz vor seinem Tod im 81. Altersjahr persönlich geleitet hatte. Fünfzig Jahre später zählte derselbe Betrieb inklusive Zweigstelle im nahe gelegenen Singen (Deutschland) über 2000 Mitarbeitende. Es wurde das Verdienst seiner Nachkommen, aus dem kleingewerblichen Handwerksbetrieb ein industrielles Unternehmen von internationaler Bedeutung zu schaffen. Namentlich waren dies Sohn, Enkel und Urenkel: Georg Fischer I (1804–1888), Georg Fischer II (1834–1887) und Georg Fischer III (1864–1925).

Doch auch Johann Conrad Fischer trug posthum zu diesem enormen Aufschwung bei. Er hinterliess seinen Nachkommen zahlreiche Patente und Erfindungen, die bald höchst erfolgreich genutzt wurden. Der rasche Ausbau überforderte aber die finanzielle Kraft der Familie Fischer, die deshalb 1896 das Familienunternehmen in eine Aktiengesellschaft umwandelte. 1900 verlor die Familie die Aktienmehrheit, was 1902 zum

Ausscheiden von Georg Fischer III aus der Unternehmensleitung führte.

Grundstein des Weltkonzerns

Zurück ins Jahr 1855. Glücklicherweise entschied Georg Fischer I, die geerbten Anlagen in Schaffhausen komplett zu erneuern. Diesen unternehmerischen Entscheid erleichterte wohl die Tatsache, dass Schaffhausen 1857 an das schweizerische und 1863 an das badische (deutsche) Bahnnetz angeschlossen wurde. Damit war die Anlieferung der Rohstoffe und der Abtransport der Produkte weitgehend sichergestellt. Vorbild für die Schaffung eines mittelgrossen Industriebetriebs in Schaffhausen war die Tempergiesserei in Traisen. Während die Finanzen für den Neustart aus Hainfeld kamen, lieferte Traisen das Know-how und die Innovationen. Die Feststellung ist nicht übertrieben, dass Schaffhausen nur dank der Werke in Österreich überlebte.

Georg Fischer I blieb in Hainfeld wohnhaft, sah er doch seinen ältesten Sohn, den beim Tod des Grossvaters erst 20-jährigen Georg Fischer II, als langfristigen Nachfolger Johann Conrad Fischers vor. Der junge Mann hatte bereits einen Grossteil der Jugend bei den Grosseltern in Schaffhausen verbracht. Bezüglich Erfindungsgeist, Informationshunger und Innovationskraft war er dem Grossvater ähnlich. Er erkannte denn auch die Marktchancen, die der in den Städten einsetzende Infrastrukturausbau (Gas- und Wasserversorgung, Kanalisation) dem Temperguss bot. Als erster Unternehmer in Europa stellte er ab 1864 sogenannte Fittings (Rohrverbindungsstücke) aus Temperguss her. Sein Grossvater hatte diese innovative Metalllegierung nach mehrjähriger Tüftelei und Forschung entwickelt.

Die Tempergussfittings eigneten sich ausgezeichnet für die Massenproduktion und damit für die industrielle Herstellung. Da sie den bisher gebräuchlichen, schmiedeeisernen Fittings sowohl qualitativ wie preislich überlegen waren, setzten sie sich rasch durch. Als Beispiel für das rasche Wachstum sei die Modellvielfalt erwähnt: Die erste Preisliste von 1865 umfasste 91 Modelle. 1890 bot GF 750 und 1925 gar 8615 Modelle an. Dies verbildlicht, wie das Unternehmen, auch begünstigt durch den allgemeinen wirtschaftlichen Konjunkturaufschwung, unter der Leitung von Georg Fischer II und dessen Sohn Georg Fischer III in jenen Jahren den Durchbruch zum Grossunternehmen schaffte. 1895 erfolgte die Eröffnung einer Fittingsgiesserei in Singen, der erste Schritt zum erneuten Aufbau eines internationalen Filialnetzes, nachdem die früheren ausländischen Gesellschaften in Österreich 1891 verkauft worden waren. Durch Allianzen und Agenturen wurden Fittings aus Schaffhausen zu einem weltweiten Exportartikel.

Abschied vom Hammerwerk und Aufbau des Kundengusses

Das eigentliche Paradeprodukt der Fischer-Werke, die mittlerweile das enge Mühlental mit grösseren und kleineren Fabriken völlig belegt hatten, stellten lange Zeit die Fittings dar, Rohrverbindungsstücke aus Temperguss. Folgerichtig nahm Georg Fischer III gegen Ende der 1880er-Jahre eine Straffung des Fabrikationsprogramms vor. Das Hammerwerk und die Feilenfabrikation gab er auf und investierte in weitere Absatzkanäle für das Fittingsgeschäft. Mit den Fittings wurde GF in ganz Europa und selbst in Übersee bedeutend.

Daneben bauten die Fischer-Werke eine zweite Firmensparte in der Tempergiesserei auf: den sogenannten Kundenguss. Diese nach Zeichnungen oder Modellen von Kunden hergestellten Giessereiprodukte fanden vor allem in der Apparate- und Maschinenindustrie ihre Abnehmer. Seit 1877 wurde die Maschinenindustrie zunehmend auch mit Stahlgusserzeugnissen verschiedener Art beliefert. Wiederum konnten die Fischers auf eine Erfindung ihres Gründers zurückgreifen und diese – als erste Stahlgiesserei der Schweiz – für die kommerzielle Fertigung nutzen. Die damals rasch ansteigende Nachfrage nach Stahlguss, namentlich vonseiten des Eisenbahnbaus und der Elektrizitätsindustrie, verhalf dem neuen Produktionszweig bald zu grosser Bedeutung.

Parallel dazu verbesserte das Unternehmen die Produktionsverfahren und baute die Fabrikationsstätten aus. Neben grossen Formgussstücken wie Gehäusen und Laufrädern für Turbinen, Rotoren und Polrädern für Motoren und Generatoren entwickelte sich vor allem auch der Mittel- und der Kleinstahlguss für Fahrzeuge zu einer anhaltenden Domäne: 1889 wurden die ersten Lokomotivräder aus Stahlguss ausgeliefert, und 1903 verliessen die ersten Lastwagenräder das Werk. Das enorme Wachstum in jener Zeit ging einher mit der rasch wachsenden Zahl der Mitarbeitenden, die von 1885 (150 Mitarbeitende) bis 1900 (1600 Mitarbeitende) um mehr als das Zehnfache stieg.

In Zusammenhang mit der Aufnahme der Fittingsproduktion begannen die Fischer-Werke zudem ein Warenzeichen zu verwenden. Das ursprüngliche Markenzeichen, ein Fisch mit den beiden Buchstaben GF, entwickelte sich im Lauf der Jahre zum heutigen +GF+. Die beiden Pluszeichen links und rechts der Buchstaben GF stellen stilisierte Kreuzfittings dar, ein früher Bestseller des Unternehmens.

Soziale Einrichtungen für die Mitarbeitenden und ihre Familien

Die vier Generationen Fischer waren verantwortungsbewusste Patrons. Sie übernahmen für die Mitarbeitenden eine unternehmerische Verantwortung, die über die gesetzlichen Bestimmungen hinausging. Dies entsprach der Familientradition, denn Johann Conrad Fischer hatte bei seinen Besuchen in England nicht nur die technischen Errungenschaften gesehen und beschrieben, sondern auch das soziale Elend, das die Industrialisierung in ihrer ersten Phase mit sich brachte. 1867 gründete das Unternehmen den Krankenunterstützungsverein, während gesamtschweizerische Bestimmungen über die Krankenversicherung erst 1914 in Kraft traten.

1868 erstand Georg Fischer II ein erstes Arbeiterwohnhaus und ermöglichte den Ankauf mehrerer Wohnhäuser für Mitarbeitende. Dies war der Anfang einer grosszügigen Wohnbaupolitik. 1876 schloss das Unternehmen für seine Arbeiter eine private Unfallversicherung ab, und 1898 rief Georg Fischer III die Alterszulage ins Leben. Sie sah seinerzeit vor, allen Arbeitern mit mehr als fünf Jahren Betriebszugehörigkeit alljährlich aus dem Geschäftsergebnis einen Betrag auf einem Firmensparheft gutzuschreiben. Diese Alterszulage wurde über die Einführung einer staatlichen Altersrente hinaus bis weit in die zweite Hälfte des 20. Jahrhunderts fortgeführt.

Das Ende als Familienunternehmen

Der mit dieser enormen Expansion verbundene Kapitalbedarf überstieg die finanzielle Kraft der Familie und machte 1896 die Umwandlung der Firma in eine Aktiengesellschaft notwendig. Vier Jahre später, als 1900 mitten in

einer Konjunkturkrise ein Teil der Bankschulden in Aktien umgewandelt werden musste, verlor Georg Fischer III die Mehrheit am Unternehmen. Zwei Jahre später schied er aus dem Unternehmen aus, da sich sein unternehmerischer Drang und seine langjährige Gewohnheit, frei in «seiner» Firma schalten und walten zu können, mit den neuen Mehrheitsverhältnissen nicht vertrug.

Vier Generationen Fischer prägten somit während der ersten 100 Jahre die Geschicke und die Geschichte der heutigen GF. Johann Conrad Fischer hatte mit seinen Innovationen und seinen erfolgreichen Gründungen in Österreich den Grundstein gelegt, und die drei Generationen Georg Fischer errichteten auf diesem Fundament ein solides Unternehmen, das zum Zeitpunkt des Ausscheidens der Familie alle Voraussetzungen für einen weiteren Wachstumsschub bot.

Georg Fischer III und seine Familie, dies sei angefügt, blieben in Schaffhausen wohnhaft. Sie waren weiterhin höchst erfolgreiche Unternehmer und wurden später mit der Übernahme der Firma Maag Zahnräder (heute: Renk Maag GmbH Switzerland) Besitzer eines Unternehmens mit Weltgeltung. Während des Zweiten Weltkriegs nahm erneut ein Mitglied der Gründerfamilie Einsitz bei GF, heute bestehen jedoch keine finanziellen oder geschäftlichen Verflechtungen mit der Gründerfamilie mehr.

Einstieg in den Maschinen- und Anlagenbau: 1902 bis 1954

Auch die dritte Phase des Konzerns stand unter der Leitung einer starken Persönlichkeit. Anstelle Georg Fischers III wählten die Aktionäre mit Ernst Homberger-Rauschenbach (1869–1955) den jungen kaufmännischen Direktor zum neuen Generaldirektor. Als Generaldirektor (1902–1923), als Delegierter des Verwaltungsrats (1923–1954) und als Präsident des Verwaltungsrats (1929–1954) gehörte er über 50 Jahre der Führungsspitze an. Ernst Homberger war ein würdiger Nachfolger der Gründerfamilien, dachte und handelte er doch ebenso international. So hatte er, keineswegs aussergewöhnlich für ehrgeizige junge Männer jener Zeit, fünf Jahre in England und in der damals britisch kolonialisierten Karibik gelebt und gearbeitet.

Der Erste und der Zweite Weltkrieg stellten in dieser Ära des Konzerns die schwierigsten Zeiten mit den grössten Herausforderungen für Menschen und Unternehmen dar. Doch trotz dieser schwierigen Umstände fallen in diese Phase des Konzerns zwei wesentliche Ausbauschritte: der Einstieg in den Maschinenbau und der Aufbau des Geschäftsbereichs Anlagenbau, namentlich von Giessereianlagen. Zudem wurden die Aktien der

«Aktiengesellschaft der Eisen- und Stahlwerke vormals Georg Fischer» ab 1903 an der Zürcher Börse gehandelt. Zwar gab es in der Zeit von Ernst Homberger eine dominierende, von ihm geführte Aktionärsgruppe, insgesamt aber gilt, dass GF zu den ältesten unabhängigen Publikumsgesellschaften in der Schweiz gehört. Heute zählt GF über 15 000 Aktionäre, und alle Aktien werden an der SIX Swiss Exchange in Zürich frei gehandelt.

Neue Märkte und neue Bereiche

Auch nach dem Ausscheiden der Familie Fischer ging das grosse Wachstum weiter: Zwischen 1900 und 1930 vervierfachte sich die Zahl der Mitarbeitenden von 1600 auf über 6000, wenn auch mit grossen konjunktur- und kriegsbedingten Schwankungen. Die Mehrheit aller Beschäftigten war in dieser Zeit in Schaffhausen angestellt. Die Fittingswerke in Singen bildeten mit bis zu 1500 Mitarbeitenden jedoch den grössten Einzelbetrieb des Unternehmens, der allerdings als Filiale direkt Schaffhausen unterstand. Trotz der Unsicherheiten in der Zwischenkriegszeit kam es zu weiteren Akquisitionen im Ausland: 1928 zur Übernahme der Fittingsfabrik Wagner & Englert in Mettmann bei Düsseldorf (Deutschland) und 1933 zum Kauf der Britannia Iron & Steel Works Ltd. in Bedford nördlich von London (England). Diese Werke wurden als eigene Konzerngesellschaften geführt.

Parallel dazu erfuhr das Fabrikationsprogramm in der Schweiz entscheidende Ergänzungen. Die Akquisitionen der in Schaffhausen beheimateten Rauschenbach AG (1921) und der Firma Müller in Brugg (1941) bedeuteten den Einstieg in den Maschinenbau. Mit dem Kauf der Maschinenfabrik Rauschenbach durch Aktientausch kam GF auf dem Ebnat und im angrenzenden Herblingertal ausserhalb der Stadt Schaffhausen zudem zu dringend benötigtem Industrieland. GF konnte so Giessereien und andere Produktionsstätten aus dem engen Mühlental an den neuen Ort verlegen oder neu errichten. 2010 zog die letzte Abteilung aus dem Mühlental auf den Ebnat, wo sich seit 1993 auch der Hauptsitz des Konzerns befindet. Geografisch gesehen waren dies kleine Veränderungen, sie bestätigen aber, dass der stete Wandel die einzige Konstante bildet.

Zu einem weiteren neuen Standbein wurde der Anlagenbau. In den 1930er-Jahren begann das Unternehmen das betriebseigene Know-how für Giessereimaschinen und -einrichtungen an Dritte zu verkaufen. Innerhalb von wenigen Jahren entstand daraus ein äusserst erfolgreicher und gewinnbringender Geschäftszweig, der über viele Jahre einen in jeder Hinsicht zentralen Stellenwert im Unternehmen einnahm. War GF mit dem Fittingsgeschäft eine europäische Grösse geworden, so trug das Anlagengeschäft den Namen GF als technologisch führendes und höchst erfolgreiches Unternehmen in diesem Geschäftszweig nun definitiv in alle Welt hinaus.

Erste Ansätze der heutigen Konzernstruktur

Mit diesen ersten Zukäufen und den neuen Geschäftsbereichen kam es ansatzweise zu einer Konzernbildung. Rückblickend lässt sich sagen, dass in jener Zeit die Kerntätigkeiten der drei heutigen Divisionen im Konzern je eine prominente Stellung einnahmen. Das Fittingsgeschäft gehört heute zur Division GF Piping Systems. Der damalige Geschäftsbereich Kundenguss hatte schon im 19. Jahrhundert angefangen, die damals noch kleine Automobilindustrie zu beliefern. 1906 errichtete GF in Schaffhausen die erste Giesserei, die ausschliesslich auf die Produktion dünnwandiger und damit leichterer Teile für die Automobilindustrie ausgerichtet war. Damit führen auch die Wurzeln der heutigen Division GF Automotive ins 19. Jahrhundert zurück. Und zur heutigen Division GF Machining Solutions gehören die damaligen Akquisitionen im Maschinenbau.

Die Jahre von 1930 bis 1945 sind vom Schaffhauser Historiker Hans Ulrich Wipf (geboren 1942) eingehend untersucht worden. Mit Unterstützung des Konzerns konnte er in mehrjähriger Forschungsarbeit sämtliche vorhandene Quellen sichten und in einer umfassenden Studie 2001 publizieren. Besonders ausführlich ging er auf das Thema der Arbeitskräfte aus der Ukraine ein, die, teils zwangsverpflichtet, in jenen Jahren in Deutschland tätig waren. Seine sorgfältige Arbeit ist ein eindrückliches Zeugnis für die komplexen und höchst anspruchsvollen Aufgaben, die Management und Belegschaft in diesen Jahren erfolgreich bewältigen konnten.

Mit Werken in der Schweiz, in Deutschland und in England besass GF Giessereien auf Boden beider Kriegsparteien. Diese Produktionsstätten benötigten für den Betrieb grosse Mengen an Rohstoffen, deren Zulieferung wegen ihrer kriegsrelevanten Bedeutung faktisch unter staatlicher Aufsicht stand. Das galt auch für die Werke in der Schweiz. Obwohl nicht direkt in den Krieg involviert, war die Schweiz auf die Lieferung von Eisen und von Kohle aus dem umliegenden Ausland angewiesen. Insgesamt überstand GF den Zweiten Weltkrieg glimpflich. Die Werke in der Schweiz, in Bedford und in Singen blieben von Beschädigungen verschont, nur das Werk Mettmann wurde in den Schlusstagen des Kriegs und in den Wochen danach schwer beschädigt. Doch bereits vor Ende 1945 konnten alle Werke die Produktion wieder aufnehmen. Zu Betriebsunterbrüchen führten nicht nur Beschädigungen, sondern auch die Energie- und Rohstoffknappheit sowie in der Schweiz der Arbeitskräftemangel, der schon bald nach Kriegsende einsetzte.

    Kauf des Klosterguts Paradies
    und Stiftungsgründungen

In diese dritte Phase des Konzerns fällt die Gründung bedeutender Stiftungen, die bis heute Teil der Geschichte und der Tradition des Konzerns sind. Um die Lebensmittelversorgung der eigenen Mitarbeitenden sicherzustellen, kaufte GF 1918 zwei Landwirtschaftsbetriebe, einen einschliesslich des 1836 aufgehobenen Klarissenklosters Paradies in der Nähe von Schaffhausen. Im selben Jahr erfolgte die Institutionalisierung der Lehrlingsausbildung durch die Gründung einer eigenen Werkschule. 1925 richtete GF neu eine betriebliche Fürsorgestelle ein. Ihre Aufgabe ist es bis heute, Mitarbeitende in beruflichen und privaten Belangen und bei Problemen zu unterstützen. 1927 erfolgte die Gründung der Homberger-Stiftung, die auch heute noch die Berufsausbildung von Söhnen und Töchtern von Mitarbeitenden finanziell unterstützt. Und 1937 begann der Aufbau eines eigenen Unfallverhütungsdienstes zur Minimierung von Gefahrenquellen mit der Installation von Schutzvorrichtungen im Betrieb und gezieltem Schulungsmaterial für die Belegschaft.

Der Wandel ist die einzige Konstante: 1954 bis 2002

1952 feierte GF sein 150-jähriges Bestehen mit einer Festschrift und zahlreichen Veranstaltungen. Sie waren auch eine Hommage an 50 Jahre Ernst Homberger an der Spitze von GF. Als der 85-Jährige (!) 1954 als Verwaltungsratspräsident zurücktrat, konnte er, und mit ihm das ganze Unternehmen, auf eine lange und höchst erfolgreiche Ära zurückblicken. Hochgerechnet auf die heutigen Verhältnisse betrug der Umsatz damals rund 800 Millionen Franken, der von über 10 000 Mitarbeitenden (1955) erarbeitet wurde. GF war ein in Europa und teilweise weltweit anerkannter Spezialist auf vielen Gebieten und gehörte in der Schweiz zu den führenden Industrieunternehmen.

    Zudem profitierte die Schweiz in jenen Jahren von der Unversehrtheit nach dem Weltkrieg und einer lange andauernden Wachstumsphase, die in Europa erst in den 1970er-Jahren endete. Das galt auch für GF. 1964 generierte der Konzern erstmals mehr als die Hälfte des Umsatzes im Ausland, und 1970 erzielte er nominal erstmals mehr als 1 Milliarde Franken Umsatz. Im selben Jahr erreichte GF mit über 20 000 Mitarbeitenden einen seither nie mehr erreichten personellen Höchststand.

Zäsur zwischen «alter» und «neuer» Zeit

Diese dritte Wachstumsphase des Konzerns stand ganz im Zeichen der Diversifikation und der Expansion in neue Geschäftsfelder. Als in den 1960er- und vor allem in den 1970er-Jahren die moderne Informationstechnologie (IT) in der Industrie Einzug hielt und gleichzeitig die Weltkonjunktur mehrmals einbrach, waren viele Schweizer Industrieunternehmen dem internationalen Wettbewerb nicht länger gewachsen. Auch bei GF zeigte sich, dass der Konzern seine Kräfte auf zu viele Geschäftsbereiche verteilt hatte.

Ebenso gab es Geschäftsbereiche, in denen GF nicht länger oder nie richtig erfolgreich war. Das galt besonders für den jahrzehntelangen Versuch, in der Textilmaschinenindustrie Fuss zu fassen, aber auch für den Stahlguss, für den GF in den 1930er-Jahren in Schaffhausen ein «Flaggschiff» errichtet hatte. Trotz grösster Anstrengungen konnte die Stahlgiesserei, der Stolz des Konzerns und der Region, die grossen finanziellen Investitionen nie rechtfertigen. Als Markt war die Schweiz zu klein, und international wurde sie zu einem zu teuren Produktionsstandort. Die Schliessung der Stahlgiesserei, 1989 angekündigt und 1991 abgeschlossen, bildet denn auch in der Geschichte des Konzerns eine Zäsur. Sie steht sinnbildlich für den generellen Strukturwandel, für den Abschied von der «alten» Industriezeit mit riesigen Werkhallen, Tausenden von Mitarbeitenden und härtester körperlicher Arbeit hin zu modernen, von IT und Software geprägten Arbeits- und Produktionsprozessen. Ebenso zog sich GF zu Beginn des neuen Jahrtausends im Zuge der Fokussierung auf drei Divisionen aus dem Anlagenbau, dem Bereich, in dem GF über viele Jahre Weltgeltung genossen hatte, zurück.

Dass GF diese massiven externen *und* internen Veränderungen – im Gegensatz zu vielen anderen Industrieunternehmen in der Schweiz und weltweit – erfolgreich gemeistert hat, war und ist das Verdienst der früheren Mitarbeiter- und Managergenerationen. Darüber hinaus hat GF diese erneute Zeit des Umbruchs vor allem dank jener Geschäftsbereiche bewältigt, die heute die Kerntätigkeiten des Konzerns bilden. Als GF 2002 das 200-jährige Bestehen mit vielen Gästen im In- und im Ausland feiern durfte, hatte das Unternehmen eine langjährige Restrukturierungsphase hinter sich. Allerdings sollten noch weitere harte Prüfungen, vor allem während der Konjunkturkrise 2003 und der Finanzkrise 2008, anstehen.

GF Piping Systems: Pionier in der Kunststoffindustrie

Doch zurück in die 1950er-Jahre. Weitsichtige Ingenieure, unterstützt unter anderem von Ernst A. Müller (1885–1957), dem langjährigen Generaldirektor in der Zeit von Ernst Homberger, erkannten früh die Bedeutung von «Plastik» als neuem und zukunftsträchtigem Werkstoff. Ganz im Sinn und Geist von Johann Conrad Fischer begannen sie schon Anfang 1950er-Jahre mit der Entwicklung eines Kunststofffittings, eine absolute Pioniertat. 1955 stellte GF das neue Produkt erstmals an einer Messe vor, und 1957 begann die kommerzielle Serienfertigung. GF gelang damit nach dem Tempergussfitting und den automatischen Giessanlagen zum dritten Mal in seiner Geschichte ein «New to the World»-Produkt mit einer serienreifen Verfahrenstechnik.

Bereits zwei Jahre später betrug die Jahresproduktion rund eine halbe Million Klebefittings. Die gleichzeitige Verbesserung aller wichtigen Produktionsschritte und Verbindungstechniken lassen erahnen, dass der Konzern den neuen Werkstoff mit allen notwendigen Mitteln unterstützte. Konzernintern den entscheidenden Durchbruch erfuhr der Bereich Kunststoff in den Jahren 1987 bis 1991. Im Rahmen eines gross angelegten Restrukturierungsprogramms wurden die operativen Tätigkeiten zwischen den Werken in Singen und Schaffhausen neu geordnet. GF richtete das Werk Singen auf die Giessereiaktivitäten für die Automobil- und Lastwagenindustrie aus, dafür wurden sämtliche Aktivitäten des Bereichs Rohrleitungssysteme nach Schaffhausen verlegt. Erstmals verfügte damit der neue Bereich Rohrleitungssysteme über einen eigenen Hauptsitz, eigene Forschungs- und Entwicklungsabteilungen, ein eigenes, hochmodernes Distributionszentrum sowie ein neues Prüflabor. Die heutige Division GF Piping Systems gehört zu den führenden Anbietern für Verbindungstechnologien aus Kunststoff.

Andererseits verlor das einst dominierende Metallfittingsgeschäft allmählich an

Bedeutung, weil neue und bessere Produkte den einstigen Marktleader aus vielen Märkten verdrängten. Heute produziert GF noch in einem einzigen Werk Tempergussfittings für die weiterhin bestehende, wenn auch sinkende Nachfrage. Es handelt sich um die Giesserei in Traisen, die von Johann Conrad Fischer gegründet worden war und 1990 im Rahmen eines Joint Venture zur heutigen Georg Fischer AG zurückkehrte. «Traisen» im Bundesland Niederösterreich ist das älteste Werk des Konzerns ausserhalb von Schaffhausen, und es stellt mit den Tempergussfittings, die GF 1864 auf den Markt brachte, auch die älteste Produktlinie des Konzerns her.

GF Automotive: Zulieferer der Automobilindustrie

GF blickt auf eine über 100-jährige Geschichte als Lieferant der Automobilindustrie zurück. Zum Sortiment gehörten schon früh nicht nur Gussteile, sondern auch Stahlräder (seit 1897) und Eisenräder (seit 1903). In Fachkreisen bis heute bekannt und berühmt ist das sogenannte Trilexrad. Es handelt sich um eine Felge, die aus drei Teilen besteht und – zum Beispiel bei einer Panne – sehr einfach und rasch abmontiert werden kann. Trilexräder werden in Wüstengegenden bis heute genutzt.

Ausgehend vom Werk in Mettmann stellte GF ab den 1960er-Jahren alle Eisengiessereien auf die serielle Massenfertigung für die Automobilindustrie um. Dank des Sphärogusses, einer eigenen, patentierten und besonders leichten Eisengusslegierung und weiterer eigener Legierungen ist GF Automotive bis heute führender Hersteller von Gussteilen in diesem weiterhin wachsenden Markt.

Über Jahrzehnte war GF vor allem ein Lieferant von Gussteilen aus Eisen. 1999 vervierfachte GF Automotive mit der Akquisition mehrerer Leichtmetallgiessereien die Kapazität im Leichtmetallguss (Aluminium und Magnesium). Damit wurde GF auf einen Schlag zu einem bedeutenden Lieferanten für den nach wie vor steigenden Bedarf an Automobilteilen aus Leichtmetallen. Heute gehört GF Automotive mit Giessereien auf drei Kontinenten und damit in allen wichtigen Produktionsländern von Automobilen und Lastwagen zu den weltweit führenden Lieferanten der Automobilindustrie.

GF Machining Solutions: erfolgreiche Akquisitionen

Auch ein dritter Geschäftsbereich bei GF war gut auf die neue Zeit vorbereitet, hatte doch die Abteilung Maschinenbau 1948 die erste vollautomatische Kopierdrehmaschine mit Ladeeinrichtung auf den Markt gebracht, wo sie sofort begeisterte Aufnahme fand. Der rasche Erfolg verleitete das Management zu teuren und letztlich erfolglosen Akquisitionen, sodass GF wichtige Entwicklungsschritte verpasste.

Dass GF dennoch bis heute zu den führenden Werkzeugmaschinenherstellern gehört, ist der Akquisition der damaligen Ateliers des Charmilles in Genf im Jahr 1983 zu verdanken. Damit war der Grundstein gelegt, der mit weiteren Akquisitionen – 1996 der Agie SA in Losone, 2000 der Mikron AG in Nidau, 2002 der Step-Tec AG in Luterbach, 2014 der Liechti Engineering AG in Langnau (alle Schweiz), 2001 der System 3R International AB in Vällingby (Schweden) und 2016 der Microlution Inc. in Chicago (USA) – sowie eigenen Entwicklungen zur heutigen, weltweit erfolgreichen Division GF Machining Solutions führte.

Nachhaltigkeit, GF Academy und Pflege des historischen Erbes

Jede Zeit stellt andere Anforderungen. Während in den ersten Phasen der Geschichte von GF die Verbesserung der Arbeitsbedingungen und der sozialen Sicherheit der Mitarbeitenden die gemeinnützigen Tätigkeiten und Stiftungen des Konzerns prägten, gewannen in den vergangenen Jahren und Jahrzehnten neue Themen und Anliegen an Bedeutung. So ist die Gründung der Stiftung Clean Water vor allem dem Gemeinwohl in Entwicklungsländern verpflichtet. Zum 200-Jahr-Jubiläum 2002 verzichteten die Aktionärinnen und Aktionäre von GF auf eine Jubiläumsdividende. Stattdessen wurde die Stiftung Clean Water ins Leben gerufen und der Betrag von 3,5 Millionen Franken in Projekte für sauberes Trinkwasser in aller Welt investiert. Überzeugt von der Wirksamkeit der Projekte unterstützt GF die Stiftung Clean Water weiterhin jährlich mit einem namhaften Beitrag. Bis heute wurden für weltweit rund 130 Trinkwasserprojekte über zehn Millionen Franken à fonds perdu investiert, seit

2012 vor allem in Zusammenarbeit mit der Caritas Schweiz.

1992 unterzeichnete GF die Charta der Internationalen Handelskammer ICC (International Chamber of Commerce) zur Nachhaltigkeit. Nachhaltigkeit ist ein elementarer Teil des Geschäftsmodells von GF. Dabei ist die Einhaltung nationaler und internationaler Standards ebenso selbstverständlich wie die divisions- und länderübergreifende Etablierung von Managementsystemen. Alle Produktionsstandorte sind nach ISO 9001 (Qualitätsmanagement), ISO 14001 (Umweltmanagement) sowie OHSAS 18001 (Occupational Health and Safety Assessment Series) zertifiziert. Neue Standorte müssen diese Zertifizierungen innerhalb von drei Jahren vorweisen.

Das Klostergut Paradies wurde in der zweiten Hälfte seiner – aus Sicht GF – 100-jährigen Geschichte nicht mehr wie in den ersten Jahrzehnten für Arbeiter- und Alterswohnungen genutzt. Nach einer umfassenden Renovierung dient das 1253 gegründete Klarissenkloster seit 1974 als Ausbildungszentrum des Konzerns. Tausende von GF-Mitarbeitenden aus aller Welt haben seither im Rahmen eines konzerneigenen Ausbildungskurses an der GF Academy ihre Kenntnisse über verschiedenste Aspekte der Führung ergänzen und erweitern können.

Ebenso beherbergt das Klostergut Paradies die 1948 von Ernst A. Müller gegründete Stiftung Eisenbibliothek und das Konzernarchiv. Die Sammlung der Bibliothek umfasst heute rund 45 000 Bücher und Zeitschriften, speziell zu den Werkstoffen Eisen und Kunststoff, und sie steht Wissenschaftlern und Studenten kostenlos zur Verfügung. Die Bibliothek führt regelmässig wissenschaftliche Tagungen mit internationaler Beteiligung durch. Die Eisenbibliothek und das Konzernarchiv, die in Personalunion geführt werden, sind zugleich das Kompetenzzentrum des Konzerns zur Pflege des kulturellen und historischen Erbes.

GF heute

GF ist heute ein weltweit tätiger Konzern, der in einem globalen Wettbewerbsumfeld agiert. Die drei Divisionen GF Piping Systems, GF Automotive und GF Machining Solutions gehören in ihren Segmenten und Hauptmärkten international zu den Markt- und Technologieführern. Sie sind der bevorzugte Partner ihrer Kunden für den sicheren Transport von Flüssigkeiten und Gasen (GF Piping Systems), für leichte Gusskomponenten in Fahrzeugen (GF Automotive) und für die Hochpräzisions-Fertigungstechnologie (GF Machining Solutions).

Über 130 Gesellschaften, davon rund 50 Produktionsstätten in 33 Ländern, gehören zum Konzern, für den über 15 000 Mitarbeitende tätig sind, unter ihnen über 500 Auszubildende. In der Schweiz beschäftigt der Konzern mehr als 2000 Personen und bietet mehr als 200 Ausbildungsplätze an. Gut die Hälfte des Umsatzes von 4 Milliarden Franken erwirtschaftet GF in Europa, wobei der Anteil des Umsatzes in Asien und in Nordamerika weiterhin steigend ist.

Bildergeschichten

Johann Conrad Fischer: Wissenschaftler, Politiker, Unternehmer

Da wird einer auf den Sockel gehoben: Johann Conrad Fischer (1773–1854), Gründer des Giessereiunternehmens, das sein Enkel Georg Fischer II später weltberühmt machen sollte. Als Fischer 1854 starb, hatte er viel geleistet. Er war erfolgreicher Unternehmer, Wissenschaftler und Politiker, siebenfacher Vater, und 1831 war er zum ersten Stadtpräsidenten von Schaffhausen gewählt worden.

Nach Lehr- und Wanderjahren in Deutschland, Skandinavien und England übernahm Fischer 1797 die väterliche Kupferschmiede in Schaffhausen. 1802 erwarb er ausserhalb der Stadtmauern im nahe gelegenen Mühlental eine Mühle und richtete dort eine kleine Giesserei für Glocken und Feuerspritzen ein. Sein eigentliches Interesse galt aber dem Eisen- und Stahlguss. Sein Ruf als Gusspionier und exzellenter Metallurge verbreitete sich in ganz Europa, bis nach Russland, was sogar Zar Alexander I 1814 dazu bewog, auf seiner Durchreise Fischer in dessen Labor einen Besuch abzustatten.

Mehrere metallurgische Patente, die seine Nachkommen industriell zu nutzen wussten, zeugten vom Erfindergeist des Wissenschaftlers.

190 Jahre lang, bis zur Schliessung der Stahlgiesserei 1991, blieb das Mühlental der Dreh- und Angelpunkt der Georg Fischer Werke und das eigentliche Herz des Unternehmens. Zum 150-jährigen Firmenjubiläum 1952 stiftete GF der Stadt Schaffhausen in unmittelbarer Nähe zum damaligen Firmensitz ein Bronzedenkmal des Firmengründers und Schaffhauser Bürgers und Politikers. Nach der aufwendigen Installation schützte ein Holzverschlag das Denkmal vor neugierigen Blicken, bis es in einem feierlichen Akt enthüllt wurde – und bis heute über das Treiben am Tor zur Schaffhauser Altstadt wacht.

Johann Conrad Fischer

Fittings I

Unspektakulär, zuverlässig und omnipräsent

Der Fitting war nie ein spektakuläres Produkt. Trotzdem leistete er seit seiner Einführung auf dem europäischen Markt durch Georg Fischer II 1864 einen erheblichen Beitrag an die moderne Zivilisation. Fittings sind heute im Haus, in der Industrie und in der Versorgung omnipräsent und transportieren zuverlässig Wasser, Gas, Dampf, Kühlmittel oder chemische Stoffe.

Anfangs wurden die Rohrverbindungsstücke allein aus Temperguss hergestellt. Obwohl ein Massenprodukt, erforderte die Herstellung viel Handarbeit. Jeder einzelne Fitting wurde bis zur Fertigstellung mehrmals von Hand zu Hand gereicht – beim Auspacken aus der Form, beim Schleifen, Einlegen in die Tempertöpfe, Gewindeschneiden und bei Druckprobe und visueller Kontrolle. Auch in der Richterei in Schaffhausen wurde jeder Fitting von Hand in die Richtmaschine gespannt. Die Arbeit ging nie aus, stets warteten kistenweise Fittings auf die weitere Bearbeitung, wie 1930 in der Gewindeschneiderei in Singen. Massenproduktion handgemacht: 1978 waren bereits über 5 Milliarden Tempergussfittings in alle Welt geliefert worden.

Nach und nach kamen neben dem Temperguss neue Werkstoffe hinzu wie Stahl und Rotguss, ab 1957 auch immer mehr Kunststoff. Letzterer macht heute den Hauptanteil aus. Inzwischen wurde die Produktion komplett automatisiert, aber das Produkt ist auch nach über 150 Jahren noch gleich: unspektakulär, zuverlässig und omnipräsent.

Fittings I

Fittings I

Kleiner Stapel – grosse Wirkung

Das Prinzip des Stapelgusses ist selbsterklärend: Identische Sandformen werden für den Abguss senkrecht aufeinandergestapelt und mechanisch aneinandergedrückt. Ein gemeinsamer Eingusskanal sorgt für die Verteilung des flüssigen Metalls. Die Bodenöffnung wird mit einem Stopfen verschlossen. Mit einem einzigen Guss ist so ein Vielfaches an Gussteilen herstellbar. Einfach und effizient.

Früh erkannte man bei GF die Vorteile des Stapelgusses für die Serienfertigung: Fittings waren Massenware und wurden in rauen Mengen produziert. 1912 wurde das Verfahren als Rationalisierungsmassnahme in der Tempergiesserei in Schaffhausen eingeführt. Der Stapelguss sparte Platz und Zeit. Auf einen Schlag konnte die Produktion von Fittings und Kundenguss multipliziert werden. Mehrere Jahrzehnte hielt sich das Gussverfahren in der Tempergiesserei, bis es Ende der 1950er-Jahre von der Bührer Form-und Giessanlage abgelöst und damit die Produktion komplett automatisiert wurde.

Stapelguss

Stapelguss

Stapelguss

«Milch trinken!»

«Der Verdacht, dass hin und wieder Betriebsunfälle auf Alkoholgenuss zurückzuführen sind, hat schon früher zu Untersuchungen Anlass gegeben. Dabei hat es sich herausgestellt, dass eine erhöhte Unfallwahrscheinlichkeit bereits bei Einnahme auch nur geringer Mengen Alkohols eintritt», schrieb 1964 der Werksarzt Dr. med. Max Arnold in der Mitarbeiterzeitschrift. Seine Ausführungen zu den medizinischen Auswirkungen von Alkoholkonsum wurden von einer Fotografie begleitet, die einen Giesser in genüsslicher Trinkerpose zeigt. Zu den Lippen führt er nicht eine Bierflasche, sondern ein Tetrapak Milch.

Grund für den «Aufruf zur Einschränkung des Alkoholkonsums während der Arbeitszeit» (notabene kein Verbot!) war die alarmierende Unfallstatistik: 1933 wurden bei GF 3600 Betriebsunfälle gezählt (bei rund 3500 Mitarbeitenden), 1951 waren es bereits 12 625 (bei rund 7500 Mitarbeitenden). Besonders massiv stiegen in den Folgejahren die Augenverletzungen an: Von 1957 bis 1960 mussten in den Sanitätsstationen 15 051 Augenverletzungen behandelt werden, 12 Prozent davon waren schwerwiegend und erforderten eine weiterführende Behandlung durch einen Augenarzt.

Dabei hatte GF bereits 1937 den Unfallverhütungsdienst ins Leben gerufen. Seine Aufgabe war es, Gefahrenquellen und Sicherheitsrisiken zu erkennen und die notwendigen Schutzmassnahmen zu treffen. Zur Unfallprävention gehörte die Sensibilisierung der Mitarbeitenden, zum Beispiel mit Hinweistafeln am Arbeitsplatz («Schutzbrille tragen!») oder regelmässigen Beiträgen in der Mitarbeiterzeitschrift. Jede Ausgabe der *GF Mitteilungen* enthielt wenigstens eine Seite mit Illustrationen, in denen richtiges und falsches Verhalten gegenübergestellt und zum Tragen von Schutzbrillen, Handschuhen, Gehörschutz, Helm oder Schutzgamaschen aufgefordert wurde. Daneben wurden Unfallstatistiken veröffentlicht: «Im Jahre 1959 verursachten 162 Handverletzungen insgesamt 23 671 Ausfallstunden oder einen Ausfall von 10 Arbeitskräften während des ganzen Jahres.»

Wo gearbeitet wird, können Unfälle passieren. Das ist heute nicht anders als 1964. Doch das Bewusstsein für präventive Massnahmen hat sich verändert, und entsprechend sanken auch die Unfallzahlen. Und Alkohol ist heute nicht nur am Arbeitsplatz verboten, sondern generell während der Arbeitszeit.

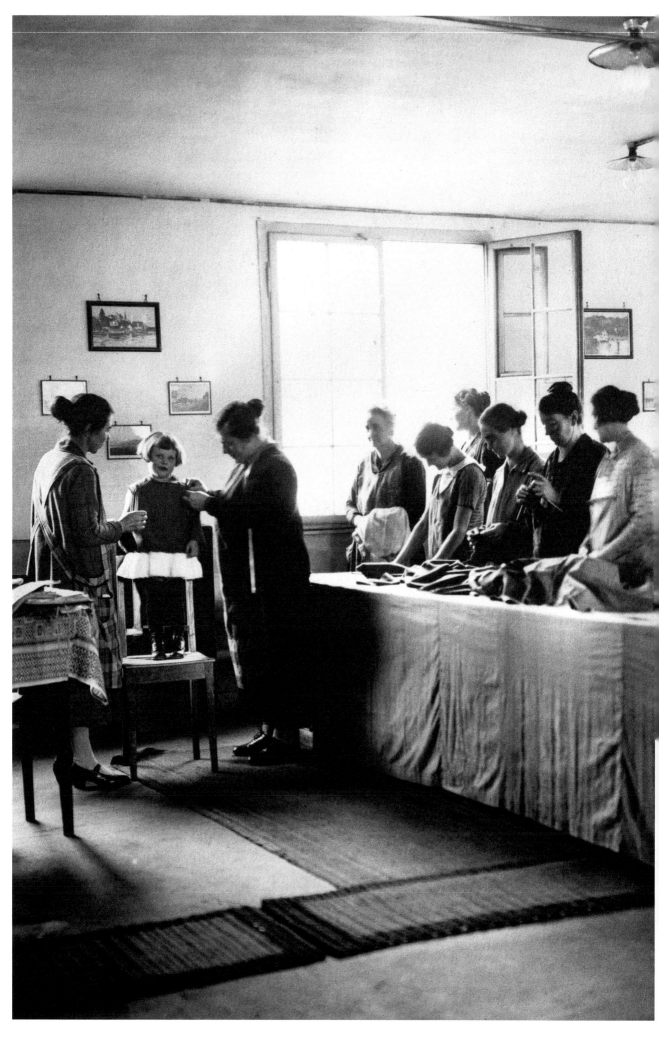

Soziales Wirken

Hausfrauenkurse, Dörröfen und Sozialversicherungen

Fräulein Anne-Marie Bohnenblust war 35 Jahre lang die gute Seele von GF: Von 1925 bis 1960 leitete sie die damals neu gegründete Werkfürsorge in Schaffhausen und Singen. Eine ihrer ersten Initiativen war 1926 die Einrichtung einer Nähstube für die Arbeiterfrauen. Hier konnten die Mütter unter fachkundiger Anleitung praktische Kleidung für die ganze Familie nähen. Bald organisierte Anne-Marie Bohnenblust auch regelmässige Hausfrauenkurse, die auf reges Interesse stiessen: Stricken, Finkenfertigen, Backen, Kochen und im Zweiten Weltkrieg Kurse zum sparsamen Umgang mit rationierten Lebensmitteln und Rohstoffen.

Eine weitere wichtige und handfeste Unterstützung der Arbeiterfamilien war die Bereitstellung von günstigem Wohnraum und Pflanzland. 1902 entstanden die ersten Wohnkolonien in Schaffhausen und Singen. Bis 1959 stieg die Zahl der Wohnungen in Schaffhausen auf 619. Zu den Werkswohnungen gehörte oft ein Schrebergarten, der weitgehende Selbstversorgung ermöglichte. Für die Haltbarmachung der Vorräte standen Dörröfen zur Verfügung. Diese nutzten die Abwärme der Schmelzöfen in den Giessereien. Allein im Kriegsjahr 1944 wurden 129 Tonnen Gemüse und Früchte der Arbeiterschaft gedörrt.

Die Fürsorgeabteilung – die heutige Sozialabteilung – und der soziale Wohnungsbau waren aber nur zwei Bausteine im sozialen Wirken des Unternehmens. Bereits Georg Fischer II und Georg Fischer III und nach ihnen GF-Direktor Ernst Homberger verstanden sich als Patrons im positiven Sinn und übernahmen soziale Verantwortung für ihre Mitarbeiter: Noch bevor das schweizerische Fabrikgesetz 1877 erstmals Richtlinien zum Schutz der Arbeiterschaft formulierte, gründete Georg Fischer II 1867 einen Krankenunterstützungsverein und 1876 eine Unfallversicherung für seine Mitarbeiter. Georg Fischer III rief 1898 die Arbeiterkommission ins Leben und führte eine Alterszulage für langjährige Mitarbeiter ein, die nach dem System einer heutigen Pensionskasse funktionierte. Unter Ernst Homberger entstand 1919 die Angestellten-Pensionskasse. Zu seinem 25-jährigen Dienstjubiläum gründete er 1927 die Homberger-Stiftung, die bis heute die Berufsausbildung der Kinder von Werksangehörigen fördert.

Soziales Wirken

Über den Aufbau der Materialien nachsinnen

Klein und übersichtlich wirkt das erste Laboratorium von 1899, und sehr modern ist es mit seiner elektrischen Beleuchtung. Zwei ernsthafte junge Männer sind an der Arbeit, vermutlich ein Chemiker und ein Chemielaborant.

Neben den chemischen Analysen begannen schon sehr früh die ersten labormässigen Materialprüfungen, als Georg Fischer III zur Ermittlung der mechanischen Eigenschaften des Stahl- und Tempergusses von der Schaffhauser Firma Amsler-Laffon eine hydraulische Zerreissmaschine beschaffte. Von 1904 an wurden eigene metallurgische Untersuchungen und thermische Versuche zur Beeinflussung des Werkstoffgefüges beim Stahl- und Temperguss durchgeführt. 1910 erfolgte die Zusammenlegung der anfangs verstreuten Laborabteilungen in die Räumlichkeiten eines alten Wohnhauses im Mühlental.

Nach zwei weiteren Umzügen richtete sich das Labor 1931 im Erdgeschoss des neuen Verwaltungsgebäudes ein. In den 1940er-Jahren war bereits eine ganze Schar von Chemikern damit beschäftigt, die verwendeten Werkstoffe und die chemischen Vorgänge in der Produktion zu analysieren und zu optimieren.

Labor

Maschinenfabrik

Vom Nothelfer der Bauern zum Dienstleister der Holzindustrie

1842 gründete Johannes Rauschenbach (1815–1881) eine «mechanische Werkstätte und Mühlenmacherei» in Schaffhausen. Das Unternehmen spezialisierte sich auf die Herstellung von landwirtschaftlichen Maschinen und entwickelte sich zur gesamtschweizerisch führenden Firma auf diesem Gebiet mit Absatz in ganz Europa und bis nach Russland. 1880 verliessen insgesamt 65 000 Dreschmaschinen, 27 000 Göpel und 25 000 Futterschneidemaschinen die Fabrik. Rauschenbach war ein Pionier im schweizerischen Landmaschinenbau und galt durch seine Entwicklungen unter Zeitgenossen als «Nothelfer» der geplagten Bauern. Als er 1881 starb, war er der reichste Bürger Schaffhausens und vermachte seinem gleichnamigen Sohn (1856–1905) neben der Maschinenfabrik die Uhrenmanufaktur IWC.

1921 erwarb GF die Aktienmehrheit der Maschinenfabrik Rauschenbach AG und fasste damit Fuss im Maschinenbau. 1929 wurde die Firma in GF eingegliedert, produzierte aber noch Jahrzehnte unter dem eigenen berühmten Namen. Allerdings wandelte sich das Produktionsprogramm: Das Landmaschinengeschäft wurde 1939 veräussert und die Herstellung von Müllereimaschinen im gleichen Jahr gestrichen. 1950 wurde auch der Bau von Keltereimaschinen eingestellt. Nur die Fabrikation von Holzbearbeitungsmaschinen, seit den 1880er-Jahren im Programm, wurde weitergeführt. Als zweite grosse Sparte kamen später die Werkzeugmaschinen dazu, insbesondere Kopierdrehmaschinen.

Jede Art von Holzbearbeitungsmaschinen wurde in der Maschinenfabrik auf dem Ebnat in Serie hergestellt, wie hier 1934 Gattersägen zum Aufsägen von Holzstämmen. Vom «Nothelfer» der Bauern hatte sich die Maschinenfabrik zum Dienstleister der Holzindustrie gewandelt.

Für den benötigten Nachwuchs sorgen

Die Aufgabe ist nicht einfach, und die Köpfe rauchen. In der Werkschule steht eine Prüfung an: Die Lehrlinge haben die Seitenansicht einer Sellerskupplung zu zeichnen. Zur gleichen Zeit wird in der Lehrwerkstatt fleissig gehobelt. Hier versuchen sich die angehenden Modellschreiner an ihren ersten Modellen. Alltag in der Berufsausbildung der 1920er-Jahre.

1918 entstand bei GF die werkeigene Gewerbeschule oder «Werkschule». Der Anfang war improvisiert: Den Unterricht, der in der Kantine stattfand, übernahmen begeisterte Berufsleute, die in der Fabrik arbeiteten und dann in der Freizeit die Arbeiten ihrer Schüler korrigierten. 1922 konnten die ersten Schulräume bezogen werden, und es wurden vollamtliche Lehrer eingestellt.

GF bildete die verschiedensten Berufsleute aus, darunter Maschinenschlosser, Mechaniker, Elektromechaniker, Modellschreiner, Giesser, Härter, Fräser-Hobler, Dreher, Konstruktionsschlosser, Modellschlosser, Werkzeugmacher, Laboranten, Maschinenzeichner und Kaufleute. Die Ausbildung dauerte für alle Berufe vier Jahre, und der Stundenlohn betrug je nach Lehrjahr 55 bis 90 Rappen.

Die Industrie wuchs Mitte des 20. Jahrhunderts konstant, und der Bedarf an gut ausgebildetem Nachwuchs war gross. 1950 zählte GF in Schaffhausen bereits 200 Lehrlinge, und in den nächsten Jahren wurde die Zahl der Ausbildungsplätze weiter erhöht. 1960 erreichte der Lehrlingsbestand mit 370 Lehrlingen seinen Höhepunkt.

1988 wurde die eigene Werkschule aufgegeben und in die öffentliche Gewerbeschule integriert, die heutige Wibilea. Nach wie vor leistet GF seinen Beitrag im Bereich Nachwuchsförderung mit aktuell 80 Lernenden allein am Standort Schaffhausen.

Werkschule

Leistungsschau

Technologiewallfahrt ins Kloster

Ein Panzer im Klosterhof? Eine surrende Textilmaschine im Kreuzgang? Ein monströses, 175 Tonnen schweres Dampfturbinengehäuse an der Klosterpforte? Wer im Sommer 1977 das Klostergut Paradies unweit von Schaffhausen am Rhein aufsuchte und klösterliche Idylle und Ruhe erwartete, rieb sich erstaunt die Augen: GF feierte sein 175-Jahr-Jubiläum und lud zur Leistungsschau ins konzerneigene Ausbildungszentrum im ehemaligen Klarissenkloster.

Auf einem 400 Meter langen Ausstellungsparcours wurden der Maschinen- und Anlagenbau, die umfangreichen Produkte und Werkstoffe im Kundengussbereich sowie deren Anwendungsmöglichkeiten und schliesslich die breite Palette von Guss- und Kunststoffprodukten des Konzerns vorgestellt und in Aktion vorgeführt. 5000 Werkstücke mit einem Gesamtwert von rund 20 Millionen Franken – vom fingerhutkleinen Fitting bis zum Peltonrad mit fünf Metern Durchmesser waren sämtliche Sparten und Innovationen vertreten.

Aufgebaut wurde die Ausstellung für die Generalversammlung Anfang Juni 1977, danach war sie an acht Wochenenden für interessierte Besucherinnen und Besucher aus dem In- und Ausland geöffnet. Insgesamt fanden in dieser Zeit 45 000 Personen den Weg ins Klostergut Paradies: eine echte Technologiewallfahrt.

Leistungsschau

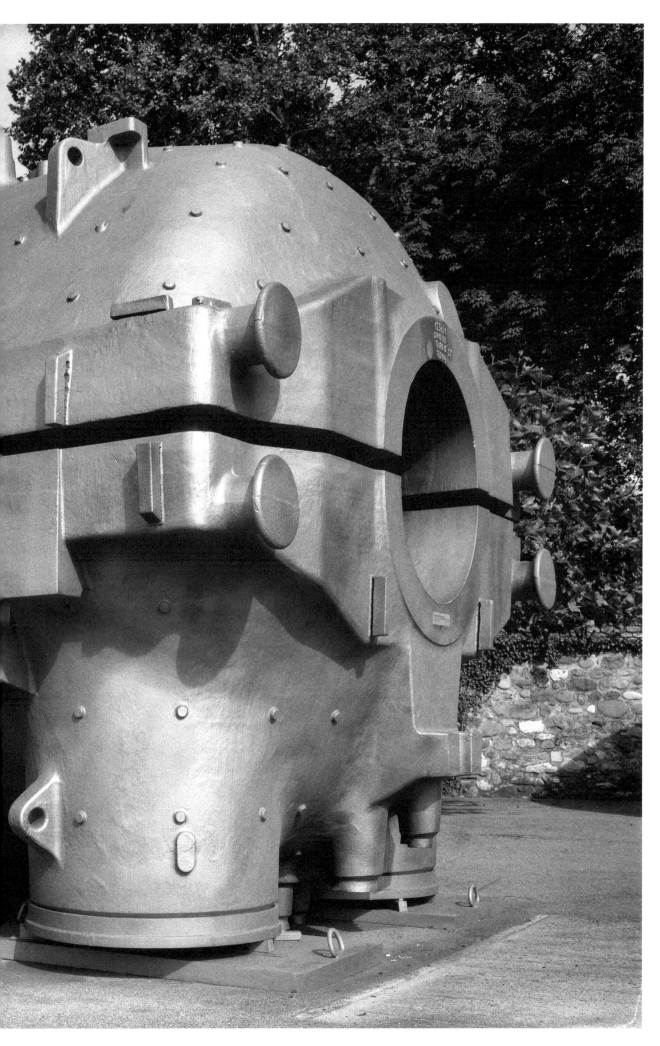

Weltweit im Einsatz

Sydney, Melbourne, Adelaide, Bombay, Wellington, Rosario: Die Überseekisten mit Fittings, die 1939 in der Spedition in Schaffhausen vorbereitet wurden, gingen einmal rund um den Globus.

Schon Ende des 19. Jahrhunderts war GF ein Global Player und lieferte seine Produkte – damals noch vornehmlich Fittings – in die ganze Welt. Viele Exporte erfolgten anfangs über Vertreter in England; die Ware wurde von da in britische Kolonien weitergeleitet. Schon bald aber lassen sich aus den Warenausgangsstatistiken von Schaffhausen und Singen direkte Lieferungen ablesen, so zum Beispiel ab 1911 nach Argentinien und Brasilien, 1917 nach Südafrika und 1918 nach Bangkok.

Wie eine Bestenliste der zeitgenössischen Architekturikonen liest sich in einer Firmenpublikation die nicht abschliessende Aufzählung von Gebäuden, die mit Fittings von GF ausgestattet wurden: das Gaumont Theatre in London (1925), das Königliche Theater in Kopenhagen (1931), das Fiat-Werk in Turin mit der legendären Teststrecke auf dem Dach (1916), das Rambla Hotel in Montevideo (1936), die Shanghai Water Works (1929), die Maternidad Ramón Sardá in Buenos Aires (1934), das Shell House in Adelaide (1931) und das Edificio Safico in Buenos Aires (1932).

Aber nicht nur GF-Rohrleitungen waren schon früh weltweit im Einsatz: Das erste Monobloc-Peltonrad, das 1920 gegossen wurde, war für ein Kraftwerk in Japan bestimmt. 1927 lieferte GF Dieselmotoren in die Türkei und 1928 Flugzeuggussteile in die USA für das grösste Luftschiff seiner Zeit, den Zeppelin «USS Akron (ZRS-4)» der US-Navy.

Das grösste seiner Art

Die Stahlgiesserei im Mühlental in Schaffhausen gehörte zu den traditionsreichen Giessereien in Europa. Sie war bis zu ihrer Schliessung 1991 die Giesserei mit der grössten Kapazität innerhalb von GF. Grosse Stahlformgussstücke bis acht Meter Länge und fast 100 Tonnen entstanden hier, viele davon Turbinen und Gehäuse für Wasserkraft- und Kernkraftwerke. Das Produktionsprogramm umfasste rund 70 verschiedene Stähle und Legierungen mit zwei bis sieben Legierungskomponenten. Was im Werk I erzeugt wurde, war massgeschneidert. Die Gussstücke wurden für technische Höchstleistungen hergestellt und später für Arbeiten mit extremen Betriebsanforderungen eingesetzt.

Im Bereich Wasserkraft war das grösste seiner Art ein Peltonrad für das New Colgate Powerhouse am Yuba River in Kalifornien, das 1967 in doppelter Ausführung gegossen wurde: Die Räder wogen je 44,5 Tonnen (93 Tonnen Flüssigstahl) und hatten einen Durchmesser von 5,44 Metern, was nicht nur für die Produktion, sondern auch die Lieferung an den Kunden eine gewaltige Herausforderung war.

Grossstahlguss

Ein Wasserrad auf Reisen

GF belieferte Wasserkraftwerke auf der ganzen Welt mit Peltonrädern, Francisturbinen und Pumpenrädern. Von 1920 bis zu ihrer Stilllegung 1991 wurden in der Stahlgiesserei in Schaffhausen rund 20 000 Tonnen Stahl zu 5000 Wasserturbinen verarbeitet.

Auch im Kraftwerk «Mangla Dam» in Pakistan sind bis heute zwei Francisturbinen von GF im Einsatz. Im Januar 1964 wurden die Turbinen mit einem Gewicht von je 34 Tonnen und einem Durchmesser von 4,20 Metern in Schaffhausen gegossen.

Es folgte eine sorgfältige Bearbeitung und Qualitätskontrolle, bis sie – fast ein Jahr später – im Dezember 1964 verladen und im Frachthafen Rotterdam verschifft wurden. Ihre Reise ging allerdings zuerst nicht nach Pakistan, sondern nach Japan: Bestellt hatte die Wasserräder Mitsubishi, in deren Werk in Kobe sie weiterverarbeitet wurden, bevor man sie schliesslich in Pakistan einbaute.

Überseetransport

«Der Traum jeder Hausfrau»

Von 1933 bis 1968 produzierte GF emaillierte Gusseisenpfannen, die sich noch heute grosser Beliebtheit erfreuen. Wie kam es dazu, dass ein Industrieunternehmen, das für Fittings, Lkw-Räder oder Giesserei- und Werkzeugmaschinen berühmt war, Kochtöpfe in sein Angebot aufnahm?

Anfang der 1930er-Jahre spürte man auch in Schaffhausen die Folgen der Weltwirtschaftskrise. GF bemühte sich, mit neuen Produkten die Auslastung seiner Giessereien zu erhöhen und so Arbeitsplätze zu erhalten. Auf Anregung von Alfred Dietzi, Reisevertreter bei GF und selbst «Amateurkoch», wurde 1933 die Fabrikation von gusseisernem, emailliertem Kochgeschirr aufgenommen. Inserate appellierten an die Moral der Schweizer Konsumenten und warben mit der Erhaltung von inländischen Arbeitsplätzen: «Ehret einheimisches Schaffen, kauft Schweizer Qualitätsprodukte!»

Kochtöpfe, Pfannen, Bretzeleisen, Obstpressen und weitere Haushaltsgeräte des Schaffhauser Industrieunternehmens waren bald gefragte Gebrauchsartikel. An der Mustermesse in Basel präsentierte GF 1935 bereits 60 verschiedene Modelle. Eine weitere Werbemassnahme zur Verbreitung des Kochgeschirrs war die kostenlose Belieferung diverser Hauswirtschaftsschulen mit dem Qualitätsprodukt aus Schaffhausen.

Die Qualität hatte aber auch ihren Preis. 1940 erschien deshalb eine umfangreiche Werbebroschüre, die die aufwendige Herstellung der Kochtöpfe in vielen einzelnen Arbeitsschritten erläuterte und diese zum «Traum jeder Hausfrau» erklärte. Der Werkfotograf von GF erstellte dazu eine Bildreportage, die sämtliche Arbeitsschritte illustrierte: von der Herstellung der Gussformen und der Beschaffung der Rohstoffe über die Produktion in der Graugiesserei, die Bearbeitung des Rohgussteils, das Emaillieren in einer Partnerfirma in Zug, die Qualitätsprüfung, Verpackung und Spedition bis zur Anwendung in Grossküchen und im Privathaushalt.

Kochgeschirr

Kochgeschirr

«Gib uns Eisen und Metalle!»

Ein immenser Schrottturm begrüsste 1944 die Besucherinnen und Besucher am Eingang zur Mustermesse in Basel. In grossen Lettern war zu lesen: «Wir müssen 200 000 Arbeiter mit Eisen versorgen».

Im Zweiten Weltkrieg wurde die Versorgung der Schweizer Industrie mit Rohstoffen aufgrund sinkender Importe nach und nach prekärer. Der Mangel an Rohmaterialien wurde für die Unternehmen und damit auch für die 200 000 Arbeiter in der Schweizer Eisen- und Maschinenindustrie zur Existenzbedrohung. Das Eidgenössische Kriegs-Industrie und -Arbeitsamt reagierte 1941 mit der Gründung der «Schrottkommission» und ernannte den GF-Direktor Ernst Müller zu deren Vorsitzendem. Die Aufgabe der Kommission lag in der Beschaffung und Zuteilung des von den Schweizer Giessereien und Stahlwerken benötigten Schrotts.

Um die Alteisenversorgung zu beflügeln, schrieb sich die Schrottkommission gleich zu Beginn die «totale Entrümpelung des ganzen Landes, der Haushaltungen, des Gewerbes, der Landwirtschaft, der Industrie, der öffentlichen Hand, der Transportanstalten und der Armee» auf die Fahne.

Zu den gewichtigsten Entrümpelungsinitiativen zählten die Schrottsammelaktionen in den grösseren Schweizer Städten und entlang von Bahnlinien, die sorgfältig geplant, vorbereitet und mit Plakaten beworben wurden: «Gib uns Eisen! Du sicherst uns Arbeit und Brot», «Alteisen und Buntmetalle schaffen Arbeit und Verdienst» oder «Auch Du! Ein Rohstofflieferant! Gib Eisen und Metalle! Sie schaffen Arbeit und geben Brot!».

Mit verschiedenen Initiativen gelang es den «Schrottfanatikern», bis zum Kriegsende 900 000 Tonnen Alteisen zu sammeln und in den Produktionskreislauf zurückzuführen, was einem Drittel des Gesamtverbrauchs der Schweizer Industrie im gleichen Zeitraum entspricht.

Schrottwirtschaft

Feuerwehr

«Aus Leibeskräften blies ich ins Feuerhorn»

Stolz posiert die Mannschaft der noch jungen Werkfeuerwehr 1910 im Mühlental und präsentiert ihre Uniformen und die Ausrüstung: zwei Hydrantenwagen mit 450 Metern Schlauch, eine Strebenleiter, drei Dach-, eine First- und eine Anstellleiter.

1905 wurde die Werkfeuerwehr am Standort Schaffhausen gegründet. Der massive Ausbau der Produktion, der sprunghafte Anstieg der Mitarbeitenden sowie die Einführung von technischen Neuheiten wie Dampfmaschinen, Gasbeleuchtung und elektrischen Generatoren liessen die Brandgefahren (und die Brandfälle) um die Jahrhundertwende rapide ansteigen. Insbesondere im engen Mühlental, wo die Gebäude dicht an- und ineinander verschachtelt standen, war die Gefahr gross, dass sich ein Feuer sehr rasch ausbreitete. Mit einer eigenen Feuerwehr vor Ort konnte schneller reagiert und ein Grossbrand weitgehend vermieden werden.

Ernst Brandenberger, der über 50 Jahre als Portier des Werks III für die Alarmierung in der Tempergiesserei verantwortlich war, erinnerte sich rückblickend an einen verheerenden Brand im Jahr 1925: «Aus Leibeskräften blies ich ins Feuerhorn, und in kürzester Zeit waren die tapferen Feuerwehrmänner an der Arbeit: das Wasser zischte in die Flammen und machte ihnen den Garaus. Das war ein grosses Glück, denn andernfalls wäre das benachbarte Modell-Magazin niedergebrannt. Der Brand wurde verursacht durch Fittings-Rostschutz, der Feuer gefangen hatte und in wenigen Augenblicken die ganze Fertigkontrolle in Brand steckte.»

Der Anfangsbestand von 30 Mann wurde rasch ausgebaut, bereits ab den 1920er-Jahren leisteten durchschnittlich rund 170 Mann Dienst in der Schaffhauser Werkfeuerwehr. Ab den 1950er-Jahren wurden nicht mehr nur Arbeiter rekrutiert, sondern auch Büroangestellte. 1979 traten die ersten Frauen der Werkfeuerwehr bei. Mit der Schliessung der grossen Produktionswerke in Schaffhausen reduzierte sich auch der Bestand auf heute 30 Feuerwehrleute, die für den Ernstfall bereitstehen.

«Für Friedenszwecke»

Mitten im Kalten Krieg entschied sich die Schweizer Armee zur Entwicklung eines eigenen Kampfpanzers. Bisher war sie lediglich mit Kampffahrzeugen ausländischer Produktion ausgestattet. Ende der 1950er-Jahre entstand der Panzer 58 in einer sehr kleinen Prototypenserie von zwölf Stück. Auf dieser Grundlage wurden in den folgenden Jahrzehnten die Panzerserien 61 und 68 weiterentwickelt. GF war für die einheimische Panzerproduktion ein gefragter Zulieferer. Die Stahlgiesserei in Schaffhausen verfügte über ausreichende Kapazitäten, um die rund 8 Meter langen Panzerwannen aus einem Guss zu fertigen. Aber die Anlagen stiessen an ihre Grenzen: Nur sehr knapp reichte der Platz im Grossglühofen für die Vergütung der Wanne des Panzers 61 im Jahr 1962. Und auch in der Formerei, beim Abguss und im Prüfstrahlenraum zeigten sich die Panzerwannen in ihrer vollen Grösse.

Nicht nur Wannen lieferte GF nach Thun in die Eidgenössische Konstruktionswerkstätte, sondern auch andere Komponenten wie Turmkuppeln, Laufräder und Getriebe. Die Rüstungsaufträge der Schweizer Armee trugen in beachtlichem Mass zum Grossgussgeschäft bei. Die Werkfotografen hatten viel zu tun mit der Dokumentation der umfangreichen Aufträge. Ein Fotograf von GF vermerkte im Jahr 1968 auf der Fotokarteikarte zur Verwendung des fotografierten Gegenstandes: «für Friedenszwecke». Ob als Wunschdenken oder als sich später erfüllende Prophezeiung einer lang anhaltenden Friedenszeit in Europa.

Panzer

Panzer

Herzliche Gratulation!

Ein Paar rahmengenähte und polierte Lederschuhe, eine gestreifte Krawatte, fünf Flaschen Wein, je eine Schachtel Villiger- und Rössli-Stumpen, eine Torte, eine Glückwunschkarte mit Büttenrand, vermutlich mit einer Laudatio in Versform, gedichtet von einem Arbeitskollegen, und liebevoller Blumenschmuck: So präsentierte sich der Gabentisch von Schreiner Jakob Hohl, der 1947 sein 35-jähriges Dienstjubiläum in der Modellschreinerei in Schaffhausen feierte. Für den Festtag hatte er sich in sein bestes Gewand gekleidet, der Stolz und die Freude standen ihm ins Gesicht geschrieben.

Ab 1920 wurde bei GF über die Dienstjubiläen Buch geführt. Besonders gross gefeiert wurde von da an das 25-jährige Dienstjubiläum. Auf der sommerlichen «Jubilarenfahrt» erhielten die Jubilare in festlichem Rahmen ihr jahrelang hart erarbeitetes Geschenk: eine silberne IWC-Taschenuhr mit eingraviertem Namen. Über 3000 IWC-Uhren waren es allein in den ersten 50 Jahren bis 1970.

Die Tradition der Jubilarenfeier wird bis heute gepflegt, und auch eine IWC-Uhr ist weiterhin die Auszeichnung für ein Vierteljahrhundert treue Dienste. Nur wird sie inzwischen nicht mehr an der Silberkette befestigt, sondern am Handgelenk.

Jubilare

Männerdomäne – Frauenarbeit?

Der Giessereisektor galt seit jeher als Männerdomäne, die GF-Werke waren keine Ausnahme. Die Arbeiterlisten enthalten allerdings bereits Ende des 19. Jahrhunderts Frauennamen, konzentriert in spezifischen Abteilungen. Überraschenderweise beschränkten sich die Arbeitsbereiche der weiblichen Angestellten nicht auf typische «Frauenarbeit» wie Sekretärin oder Kantinenmitarbeiterin. Auch in den Giessereien selbst waren die Frauen überall dort präsent, wo weniger reine Muskelkraft, sondern vielmehr Sorgfalt, Präzision und Ausdauer erforderlich waren, beispielsweise in der Fittingskontrolle. Es kam vor, dass die Hälfte oder gar die ganze Belegschaft einer Schicht weiblich war. Die Stundenansätze, die sich aus den Arbeiterlisten herauslesen lassen, zeigen aber, dass trotz regen Einsatzes der Arbeiterinnen gleicher Lohn für gleiche Arbeit noch kein Thema war.

In den beiden Weltkriegen stieg der Anteil der Arbeiterinnen sprunghaft an. Sie ersetzten die männlichen Kollegen, die in die Armee einberufen wurden. So auch diese Kernmacherin 1943 in Schaffhausen. Im Werk Singen stieg der Frauenanteil von 6 Prozent im Jahr 1936 auf 25 Prozent im Kriegsjahr 1943. Die Quote ging bereits 1946 wieder auf 10 Prozent zurück, wo sie sich in den folgenden Jahren einpendelte.

«Nichteinhaltung des Fahrplans»

Sichtlich entspannt passieren die Touristen den Heidsee auf der Lenzerheide und geniessen das Bergpanorama. Sie sind im Jahr 1923 unterwegs in die Sommerfrische in St. Moritz. Dem GF-Ingenieur Jacob Willem Mijnssen verdanken die Reisenden den Fahrkomfort auf luftbereiften Simplexrädern.

1920 drängte Direktor Ernst Müller in seinem Räderbericht zu schnellem Handeln: «In den Vereinigten Staaten scheint die Verwendung des Pneumatik-Reifens sich rasch auszudehnen.» Er forderte von seinen Ingenieuren eine ebenbürtige Konstruktion für den europäischen Markt.

Zwei Jahre später war das fünfspeichige Simplexrad mit Luftbereifung, dessen Felge durch den Luftdruck des Reifens auf dem Radstern festgehalten wurde, bereit für den Stresstest. Dieser bestand aus einer Dauerprüfungsfahrt unter Aufsicht von drei Experten des Automobilclubs mit einem auf Simplexräder umgebauten Vier-Tonnen-Arbenz-Lastwagen. Eine motorisierte Tour de Suisse, von Schaffhausen über Bern bis an den Genfersee, durch das Berner Oberland und über den Brünigpass wieder zurück nach Schaffhausen: Sieben Tage dauerte die 784 Kilometer lange Fahrt.

Bald darauf fuhren Trolleybusse, Fernbusse, Expeditionsfahrzeuge, Lastwagen und Touristenbusse von Riga bis Rom mit den luftbereiften Rädern aus Schaffhausen. Die Umstellung brachte hie und da eine kleine Revolution mit sich: «Eine Überraschung für alle Beteiligten war es, als am 15. Dezember 1922 der erste auf Simplex umgebaute Autobus Frutigen–Adelboden die Bergfahrt bei tiefem Neuschnee in einer um etwa ein Drittel kürzeren Fahrzeit erledigte als auf Vollgummi und wir oben mit berndeutschen Freundlichkeiten wegen Nichteinhaltung des Fahrplans empfangen wurden.»

Simplex

Zwei Fliegen auf einen Schlag

Die Enge des Mühlentals war seit jeher eine Herausforderung für GF. Für die umfangreichen Erweiterungen der Werke musste dem Tal jeder Quadratmeter Baugrund abgerungen werden, wie hier 1930 für den Ausbau des Werkes III.

Die geologische Beschaffenheit der steil über den Talboden ragenden Felswände war ein Glücksfall: fast reiner, horizontal geschichteter Kalkstein. So wurde das Giessereiunternehmen nebenher zum Steinbruchbetreiber. Mit dem Felsabtrag erledigte man zwei Fliegen auf einen Schlag: Einerseits meisselte, klopfte und sprengte GF den Platzmangel für seine Werke weg, andererseits benötigten die Schmelzereien grosse Mengen an gebrochenem Kalkstein.

Kalk dient bis heute beim Schmelzen von Roheisen zum Bilden von Schlacke, die die störenden mineralischen Verunreinigungen aufnimmt. Bei der Stahlherstellung entfernt Kalk Kohlenstoff, Silizium, Phosphor und Mangan aus dem Eisen und bindet den Schwefel. In Zahlen bedeutete dies für die Eisen- und Stahlwerke in Schaffhausen: ungefähr 30 Kilogramm Kalkstein pro Tonne flüssigen Eisens im Kupolofen, im Elektroofen ungefähr 50 Kilogramm pro Tonne flüssigen Stahls.

Allein der Felsabtrag an der engsten und wildesten Stelle des Mühlentals, genannt «im Kessel», der 1920 für die Strassenbegradigung und die projektierte Gaserei nötig war, lieferte 30 000 Kubikmeter Fels. Bis in die 1930er-Jahre verkaufte GF den Plattenkalk auch an Bauunternehmer als Baumaterial, für Mauersteine und den Strassenbau. Später wurde dieser Nebenerwerb eingestellt, da für den Eigenbedarf sonst zu wenig übrig blieb.

Je verbauter das Mühlental wurde, desto vorsichtiger musste beim Felsabtrag ans Werk gegangen werden – so hiess es 1959 in der Mitarbeiterzeitschrift: «Mineur Berger löst das Felsmaterial durch Sprengen mit Schwarzpulver und teilweise mit Aldorfit. Die Ladungen müssen klein gehalten werden, um mögliche Schäden an den nahegelegenen Fabrikgebäuden zu vermeiden.»

Kalkstein

«Durchleuchtung der gesamten Belegschaft»

«Wer sich in einer Fabrik für den Gesundheitszustand der dort arbeitenden Menschen verantwortlich fühlt, wird nachsehen, wie es mit dem Trinkwasser, mit den Wasch- und Badegelegenheiten, mit den Aborten bestellt ist, wird Beleuchtung, Heizung und Lüftung überprüfen und den Arbeitsplatz selbst studieren.» Diese Aufzählung unter dem Stichwort «Fabrikhygiene» findet sich im Buch «Soziales Wirken: Eine Darstellung der Sorge um den Menschen in den Georg Fischer-Werken» aus dem Jahr 1949. Um den Gesundheitszustand der Mitarbeitenden zu verbessern, reichten aber Badeanstalten und Trinkwasserstellen, wie erstmals 1912 im Werk III eingerichtet, nicht aus. Schon bald wurden mehrere Werksamariter eingestellt, die in den zwei Sanitätsstationen in Schaffhausen Krankheiten und Unfälle behandelten.

Gemäss der Devise «Vorbeugen statt heilen!» waren die Sanitäter auch mit präventiven Massnahmen aktiv. So führte GF 1944 als erstes schweizerisches Grossunternehmen «die Durchleuchtung der gesamten Belegschaft nach dem sogenannten Schirmbildverfahren» ein: In dreijährigem Turnus wurden jeweils rund 5000 bis 6000 Mitarbeiter (und ab 1953 auch deren Ehefrauen) in Massen-Röntgenaktionen zur Tuberkulosefrüherkennung untersucht.

Doch die Sanitätsstationen wurden nicht nur während der Schirmbildaktionen rege besucht: 1933 verzeichneten die beiden Stationen in Schaffhausen 16 827 Konsultationen, bis 1951 stieg die Zahl auf 45 081 Konsultationen! Die Beanspruchung der Samariter war bisweilen – gerade auch zu Pikettzeiten – so hoch, dass 1960 in der Mitarbeiterzeitschrift dazu aufgerufen wurde, nicht «bei jedem Kratzer oder Blätzab» den Pikettdienst aus dem Schlaf zu rufen, sondern die langen Wartezeiten auf der Sanitätsstation zu erdulden.

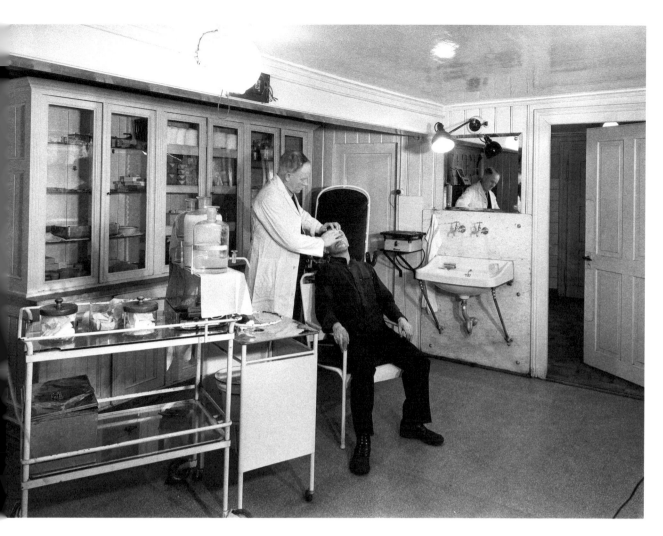
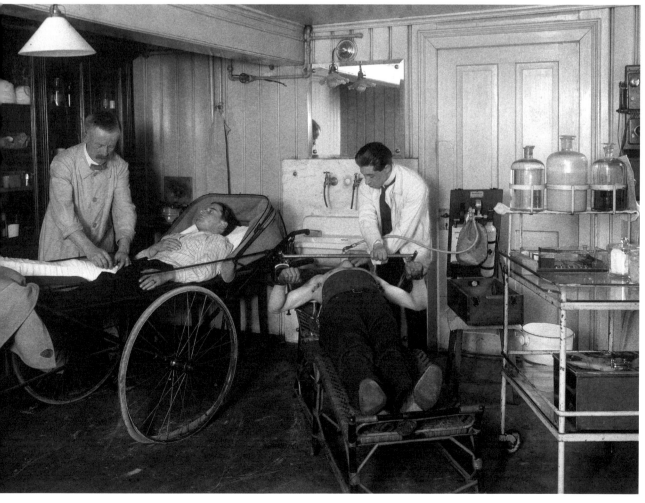

Sanitätsdienst

«GF-Kinder fahren in die Ferien»

Zur «GF-Familie» zählten seit jeher nicht nur die Mitarbeitenden des Unternehmens, sondern auch deren Angehörige. Mit Stolz wurde 1965 in der Mitarbeiterzeitschrift darauf hingewiesen, dass rund ein Viertel aller Lehrlinge Söhne und Töchter von Betriebsangehörigen seien. Die Anbindung an das Unternehmen begann mit der ersten erlebten Weihnachtsfeier: Bereits vor dem Ersten Weltkrieg wurde die Tradition ins Leben gerufen, für die Arbeiterkinder ein Weihnachtsfest auszurichten, wie hier 1965 im Hombergerhaus in Schaffhausen.

Neben dem Theaterspiel und dem Besuch des Samichlaus brachten die Gabentische die Kinderaugen zum Leuchten. Ihnen gefielen vor allem die obligaten Süssigkeiten, die Eltern waren dankbar für die praktischen Geschenke wie Kleider oder Schuhe. In den Genuss kamen Kinder von Mitarbeitenden im In- und Ausland. So wurden 1948 nicht weniger als 5000 Geschenke im Wert von 100 000 Franken an Kinder in Schaffhausen, Brugg, Singen, Mettmann und Bedford verteilt.

In der Zeit des Zweiten Weltkriegs kam zur Winterfreude ein Sommervergnügen dazu: Ab 1941 organisierte Anne-Marie Bohnenblust, die Leiterin der Fürsorgeabteilung, drei- bis vierwöchige Ferienlager für die Arbeiterkinder. Bis in die 1970er-Jahre hinein verbrachten jährlich 200 bis 250 Kinder Sommerferien in den Schweizer Bergen. Die Auswahl der Kinder war nicht einfach, der Andrang enorm. Massgebend für die Teilnahme waren in erster Linie erschwerte Familienverhältnisse. Doch wurde auch versucht, jedes Kind einer Arbeiterfamilie im Laufe der Jahre einmal zu berücksichtigen. Der Aufenthalt in der gesunden Bergluft war ab und zu eine doppelte Erholung für Kinder und Eltern, wie Anne-Marie Bohnenblust 1946 in einem Bericht festhielt: «Für manche Mutter bedeutete die vorübergehende Abwesenheit eines besonders wilden Buben eine willkommene Ruhepause».

«Der kleine Stand einer grossen Schweizer Firma»

1958 wurde in der Mitarbeiterzeitschrift über die Fiera di Milano berichtet, an der GF Hilfsmittel für die Rohrmontage und Fittings präsentierte: «Unser Stand an der Mailänder Messe fällt eher durch seine Bescheidenheit auf. Der Reporter für das ‹Echo der Zeit› von Radio Beromünster, welcher unseren Herrn Minikus dort interviewte, leitete seine Worte mit dem Satz ‹Wir befinden uns auf dem kleinen Stand einer grossen Schweizer Firma› ein.»

So bescheiden war man nicht immer. An einer Industrieschau in Wien um 1897 präsentierte sich die bereits weiterum für ihre Tempergussfittings bekannte Firma durchaus selbstbewusst bis pompös. Dabei ist bemerkenswert, dass selbst die Konstruktion des Standes aus Geländerfittings bestand, die ebenfalls zur Produktpalette gehörten.

Die Präsenz an Ausstellungen und Messen war für das Geschäft essenziell, darüber war man sich zu allen Zeiten einig. Bereits Johann Conrad Fischer und seine Söhne waren an allen wichtigen Industrieschauen, Landes- und Weltausstellungen des 19. Jahrhunderts mit ihren Erzeugnissen anwesend. Die dort erlangten Auszeichnungen und Medaillen schmückten die Produktkataloge und bezeugten die Qualität des Schaffhauser Giessereiunternehmens.

Bis 15 Uhr bestellt, am gleichen Tag versandt

Gekonnt kletterte der Arbeiter im Magazin zwischen den Regalen auf und ab, um eine Fittingsbestellung zusammenzustellen. Die erledigten Positionen hakte er mit einem Bleistift, der hinter seinem Ohr steckte, ab. Später bedeckte ein Kollege den Korb mit einem Tuch und nähte ihn in groben Stichen zu. Etikette mit Kundenadresse dran – und ab in den Güterwagen. 1930 wurde in der Fittingsspedition im Werk in Singen noch in reiner Handarbeit kommissioniert.

Auch im Schaffhauser Pendant, dem Fittingsmagazin im Werk III im Mühlental, war der Ablauf damals der gleiche, nur die Situation prekärer: Verfügte die Speditionshalle in Singen über genügend Platz und einen eigenen Güterbahnanschluss, so platzte das Schaffhauser Lager aus allen Nähten, und ein Teil der Fittings musste gar ausserhalb in Nebenmagazinen untergebracht werden.

Die Situation änderte sich erst 1954, als ein neues, modernes Fittingsmagazin gebaut wurde. Bei der Planung wurde der ganze Ablauf von der Produktion über die Lagerung bis zur Spedition analysiert. Es ging darum, bei einer möglichst wirtschaftlichen Herstellung und mit minimalen Lagerkosten die Lieferfähigkeit sicherzustellen. Nach einer Evaluation des Fittingssortiments wurden die «Ladenhüter» beziehungsweise kaum nachgefragte Sorten aus dem Katalog gestrichen: Von 8476 Sorten wurden nur 4624 in den neuen Katalog übernommen. Dafür wurden, um den Sollbestand im Lager nicht zu unterschreiten, die Aufträge an die Fabrikation neu täglich und nicht mehr nur monatlich ausgelöst. In der Spedition wurde in Zusammenarbeit mit den SBB die Palettierung eingeführt. Zudem verfügte das neue Fittingsmagazin über einen direkten und ebenerdigen Anschluss an die Werkbahn. So konnte man den kundenfreundlichen Zeitplan einhalten: bis 15 Uhr bestellt, am gleichen Tag versandt.

Spedition

Das Mühlental hatte sich Anfang des 20. Jahrhunderts rasch mit Fabrikanlagen gefüllt, der tägliche Zustrom von Menschen ging bereits in die Tausende. Pferdefuhrwerke besorgten die Herbeischaffung der Rohmaterialien, den internen Verkehr zwischen den Werken und den Wegtransport der schweren Stücke. 1910 standen 50 Pferde im Dienst der GF-Werke. Die enge Talstrasse war dauernd mit Fuhrwerken überfüllt, die sich gegenseitig behinderten. Es musste eine Lösung her.

Diese fand sich in der Weiterführung der Schmalspurgleise der Schaffhauser Strassenbahn ins Mühlental, was die Verbindung zum Güterbahnhof schuf. Die Werkbahn nahm ihren Betrieb am 10. Juni 1913 auf, acht Tage später folgte auf dieser bis ins Birch führenden Strecke auch die Aufnahme des regulären Personenverkehrs. Hier fuhren fortan Fahrzeuge der städtischen Strassenbahn auf GF-Infrastruktur; die Stadt Schaffhausen war ohne nennenswerte Kosten in den Genuss einer neuen Strassenbahnlinie gekommen.

Nach Inbetriebsetzung der «Mühlentalbahn» wurde der Verkehr mit Pferdefuhrwerken allmählich eingestellt. Einen der letzten Schwertransporte, gezogen von einem Sechsspänner, hielt der Werkfotograf 1916 fest.

Um das Transportgut am Güterbahnhof nicht umladen zu müssen, schaffte GF Rollschemel an, die die Eisenbahngüterwagen mit Normalspurbreite in die Werke rollten. Jährlich wurden durchschnittlich 4000 Wagen abgefertigt, ein Drittel davon mit Versandgütern, zwei Drittel mit Empfangsgütern wie Brennstoffen, Giessereisand, Roheisen oder Schrott. In der Nacht kam es manchmal zu besonders «brenzligen» Transporten: Wenn für den Guss eines übergrossen Turbinengehäuses oder einer Panzerwanne die Kapazität der Schmelzöfen in der Grossstahlgiesserei nicht ausreichte, wurden kurzerhand mit flüssigem Stahl gefüllte Gusspfannen auf die Rollschemel geladen und vom Stahlwerk auf dem Ebnat auf eine rund fünf Kilometer lange Reise über die Strassen- und Werkbahngleise ins Mühlental geschickt.

Werkbahn

Reverenz an die Wissenschaft

Der Zweite Weltkrieg war Geschichte, und das Leben und die Wirtschaft gingen wieder aufwärts. GF rüstete sich zum 150-jährigen Firmenjubiläum, das 1952 anstand. Damit zusammen fiel das 50-jährige Dienstjubiläum Ernst Hombergers, langjähriger Generaldirektor, Delegierter und Präsident des Verwaltungsrats von GF. Ein doppelter Grund zum Feiern!

Im Dezember 1947 ordnete Direktor Ernst Müller seine Ideen rund um die Jubiläumsvorbereitungen in einer Aktennotiz: «Betrifft Eisenarchiv: Wir könnten den Gedanken verfolgen, bei uns eine Bibliothek der alten Literatur über die Verarbeitung des Eisens zu errichten, umfassend alle Formen der Verarbeitung. Die gesammelten Bücher könnten in die Bibliothek-Kataloge der Hochschulen, der Landesbibliothek usw. aufgenommen werden.»

Ernst Müller liess den Gedanken ein Jahr lang reifen. Dann, am 31. Dezember 1948, gründete der Verwaltungsrat von GF die Stiftung Eisenbibliothek. 150 Jahre lang war das Unternehmen mit der Eisenbearbeitung gewachsen und gross geworden. Im Jubiläumsjahr wollte man sich und der Öffentlichkeit einen Ort schenken, der dieses Wissen bewahrte und pflegte. In den nächsten drei Jahren wurde ein Grundstock von 10 000 Titeln zur Geschichte der Metalle, der Naturwissenschaften und der Technik allgemein aufgebaut.

Parallel dazu wurde der ehemalige Gästetrakt des Klosterguts Paradies sorgfältig restauriert und zur Bibliothek umgebaut. Der Schaffhauser Bildhauer Walter Knecht (1895–1985) gestaltete die Stuckdecke im grossen Bibliothekssaal, der «in immerhin bescheidenem Masse an die edle Tradition der alten Klosterbibliotheken anknüpft», wie der Architekt Martin Risch ausführte. In wochenlanger Knochenarbeit modellierte Knecht mit seinen feinen Spachteln ein modernes Bildprogramm an die Decke, das den Wissenschaften und der modernen Technik die Reverenz erweist. Am 3. Mai 1952 wurde die Eisenbibliothek feierlich eröffnet. Bis heute steht sie allen Interessierten, Wissenschaftlern wie Amateuren, zur Benutzung und Forschung offen.

Der Abbruch geschieht im Kopf

Ein lebendiges Unternehmen ist konstanter Veränderung unterworfen. Es wächst, wandelt sich, schlägt neue Richtungen ein, streift alte Häute ab. Für die Schauplätze dieses Wechselspiels bedeutet dies: Werkseröffnungen, Expansionen, Akquisitionen, Verkäufe – aber auch Werkschliessungen.

Die Stilllegung eines Produktionsstandorts ging bei GF kaum je geräuschlos über die Bühne. Der letzte Giesstag wurde manchmal gar zum veritablen Volksfest – zum Beispiel 1991 bei der Schliessung der altehrwürdigen Stahlgiesserei in Schaffhausen: Aktuelle und ehemalige Mitarbeiter versammelten sich; Ansprachen, der letzte Abguss, ein Umtrunk wurden fotografisch festgehalten, die Presse berichtete. Eine Gedenkplakette erinnerte später an den denkwürdigen Tag.

Was danach kam, geschah abseits der medialen Aufmerksamkeit: der Abbruch. 1971 ereilte das Schicksal die Graugiesserei in Brugg. Sukzessive war in den Jahren zuvor die Produktion nach Schaffhausen verlagert worden. Einige Monate nach der Stilllegung im Mai 1971 wurden die 1904 erstellten Gebäulichkeiten abgebrochen – beobachtet von einem lokalen Fotografen und einer Handvoll Giessern. Ihre Gesichter sprechen Bände.

Werkschliessungen

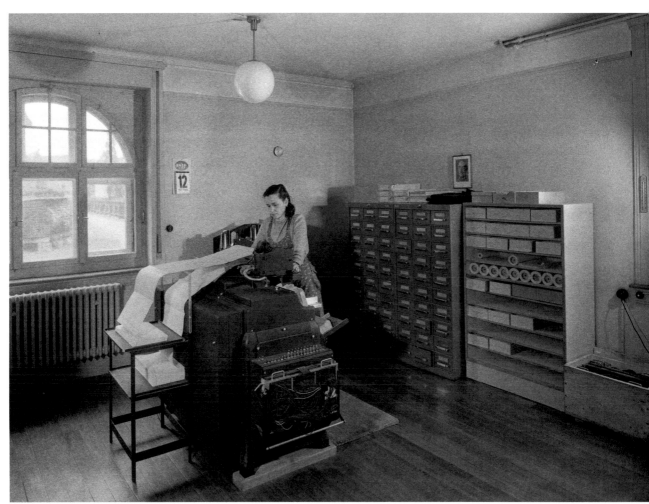

Hollerithabteilung

«Das goldene Zeitalter des Nichtstuns»

Unermüdlich und mit flinken Fingern stanzten die Locherinnen 1949 in der Hollerithabteilung die Lochschrift in die Lochkarten. 20 Anschläge pro Minute, 250 Karten pro Stunde. Diese wurden nacheinander in der Sortiermaschine, der Multipliziermaschine und der Tabelliermaschine verarbeitet.

Seit 1939 war bei GF eine Lochkartenanlage in Betrieb. Die Hollerithmaschinen erledigten die Lohnabrechnung, die Lohnstatistik, die Produktionskontrolle, die Betriebskostenerfassung und die Nachkalkulation der Maschinenfabrik. Nach dem Zweiten Weltkrieg wurde ihr Einsatz auf die übrigen Abteilungen ausgedehnt.

Auch wenn der Lebenszyklus eines Datenverarbeitungssystems damals noch bedeutend länger war, zeichnete sich nach einem Vierteljahrhundert das Ende der Hollerithabteilung ab. 1965 wurde in der Mitarbeiterzeitschrift die Einführung der elektronischen Datenverarbeitung angekündigt. Die Wahl fiel auf einen IBM-Computer des Typs 360/F40. Zwei Jahre dauerte die Lieferfrist, begründet mit der langwierigen Programmierung des Geräts.

Das Pilotprojekt startete 1967 im Fittingsbestellwesen, doch erhoffte man sich einen baldigen Einsatz in weiteren Abteilungen. Um Hoffnungen, Ängste und Spekulationen unter den Mitarbeitenden vorab nicht unnötig zu schüren, wurde zur Ruhe gemahnt: «Wir tun gut, die Erwartungen von Anfang an nicht zu hoch zu schrauben. Als Realisten lassen wir uns nicht beirren von den oft beschriebenen Traumbildern des anbrechenden goldenen Zeitalters des Nichtstuns im Büro. Wir werden auch weiterhin auf die aktive Mitarbeit aller Beteiligten angewiesen sein.»

Der Schritt über die Grenze

Das Mühlental in Schaffhausen war im Jahr 1893 schon zu eng geworden. Georg Fischer III hatte fünf Jahre zuvor das vom Vater übernommene Werk umgebaut. Seit 30 Jahren wurden in Schaffhausen Tempergussfittings hergestellt. Die Gasversorgung der Städte hatte einen grossen Bedarf an diesen schnell herstellbaren Rohrverbindungsstücken gebracht. Im Deutschen Reich waren bereits zahlreiche gute und grosse Kunden Abnehmer der Erzeugnisse aus Schaffhausen geworden. Anfang der 1890er-Jahre erschienen die ersten Konkurrenzprodukte deutscher Fabrikation auf dem Markt. Zudem wurden immer höhere Zölle für den Export fällig.

Georg Fischer III wagte deshalb den Schritt über die Landesgrenze und errichtete in Singen die erste ausländische Filiale. Der Schaffhauser Unternehmer war von seinem Projekt überzeugt: Am Bahnhof Singen erwarb er ein Industrieareal von 55 000 Quadratmetern, obwohl in der ersten Ausbaustufe lediglich eine Produktionsfläche von 4000 Quadratmetern geplant war. 1894 wurde gebaut. Georg Fischer III war auf der Baustelle präsent und posierte mit den Arbeitern und Handwerkern für den Fotografen.

1895 konnte die neue Fittingsfabrik anlaufen. Zehn Jahre nach Betriebsaufnahme hatte sich die Belegschaft von 170 auf 1500 Personen fast verzehnfacht, und die Versandmenge überstieg 2500 Tonnen. Und auch die weitere Entwicklung sollte Georg Fischer III recht geben: Das Werkareal wuchs in den folgenden 100 Jahren auf über 250 000 Quadratmeter an.

Werk Singen

Die Praxis überholt die Theorie

1964 wurden in der Mitarbeiterzeitschrift verschiedene Prüfmethoden für Kunststofffittings im Rahmen der Werkstoff- und Verfahrensentwicklung vorgestellt. Dazu gehörte auch der Schlagapparat zur Prüfung von PVC-Fittings. Die Kunststofffittings durften nicht brechen – genauso wenig wie ihre Vorgänger aus Temperguss.

Am Anfang dieser Werkstoffentwicklung stand 1953 die gleichermassen einfache wie tollkühne Idee, einen Fitting aus Plastik zu fertigen. Der Tempergussfitting war zu jenem Zeitpunkt schon rund 90 Jahre auf dem Markt. Mit dem modernen Werkstoff dagegen hatte man keinerlei Erfahrung, dafür eine Vision: Man wollte den Kunststoffrohren, die Anfang der 1950er-Jahre auf den Markt kamen, eine adäquate Verbindungstechnologie zur Seite stellen. Antrieb war also ein für die Industrie in diesem Bereich neues Material. Nach einigen Jahren der Entwicklung konnte GF 1957 im Werk Singen die Serienproduktion von PVC-Fittings aufnehmen. Drei Spritzgussmaschinen standen anfangs im Einsatz. 1961 waren es bereits 16 Maschinen, die im Dreischichtbetrieb produzierten. Im gleichen Jahr wurde erstmals die Gewinnschwelle erreicht, nach fünf Jahren Defizit. Der Ausblick war positiv, und die Abteilung wurde weiter ausgebaut.

Neben der Brechsicherheit war die Lebensdauer ein wichtiges Qualitätsmerkmal der Kunststofffittings. GF rechnete sie für seine Kunststoffprodukte auf 50 Jahre hoch – Erfahrung hatte man ja noch keine damit. In den 2000er-Jahren überholte die Praxis die Theorie: Viele 50-jährige Elemente waren nach wie vor – und sind teilweise bis heute – in bestem Zustand und weiterhin in Gebrauch.

Kunststoff

Kunststoff

Kunststoff

Giessereitechnologien auf der Höhe ihrer Zeit

Mit Konzentration und grossem Respekt vor der Technik und dem flüssigen Stahl gingen die beiden Giesser 1903 in der Stahlgiesserei in Schaffhausen ans Werk. Fünf Jahre zuvor war die Stahlgiesserei vergrössert und mit drei Konvertern modernisiert worden. Das neu eingeführte Bessemerverfahren führte zu einer raschen Steigerung der Produktionskapazität.

GF hielt stets Schritt mit den technologischen Entwicklungen in der Eisen- und Stahlproduktion und übernahm die neuen Verfahren in seinen Giessereien. Mit dem Bau eines Siemens-Martin-Ofens für Kapazitäten bis zwei Tonnen Stahlguss hatte Georg Fischer III 1890 das Stahlformgussverfahren, das auf seinen Urgrossvater Johann Conrad Fischer zurückging, auf eine neue Grundlage gestellt. 1898 kamen die Bessemerkonverter dazu. Beide Verfahren waren rund 20 Jahre später bereits wieder überholt: Sie wurden mit der Einrichtung von Elektroschmelzöfen in der Stahlgiesserei in den 1920er-Jahren eingestellt und die Öfen stillgelegt. Die neue Ära des Elektrostahlgusses begann.

Öfen

Vom Giesser zum Überwacher

Die Produkte aus Temperguss, hergestellt in Sandformen, waren Massenartikel, deren Fertigung besonders effizient sein musste, um rentabel zu sein. GF rationalisierte die Prozesse laufend, so wurden 1912 das Stapelgussverfahren in der Fittingsgiesserei in Schaffhausen oder 1927 das Giessen auf und an Fliessbändern im Werk Singen eingeführt.

1954 begannen im Werk III in Schaffhausen Versuche mit einer neuartigen Formmaschine. Dies bedeutete den ersten Schritt zur automatischen Form- und Giessanlage, die später unter dem Namen des leitenden Ingenieurs, Erwin Bührer, als Bührer-Anlage berühmt wurde. 1956 wurde der Probebetrieb aufgenommen, der in diesen Aufnahmen festgehalten wurde. Die Anlage bedeutete eine Revolution in der Giesserei, wurde mit ihr doch die Automation vom Füllen der Formkästen über den Abguss bis zum Abkühlen und Auspacken realisiert. Die Aufgabe des Maschinenformers wurde hauptsächlich auf das Einsetzen der Kerne in die Gussformen reduziert. An den übrigen Stationen bedurfte es lediglich noch Überwachungspersonals.

Der Schaffhauser Prototyp funktionierte so zufriedenstellend, dass bis 1965 vier weitere Anlagen in Betrieb genommen wurden: in Singen und Bedford für Fittings und Kundenguss, in Mettmann sogar zwei speziell für Automobilguss. Die Leistung dieser Anlagen hatte sich gegenüber der Versuchsanlage in Schaffhausen mehr als verdoppelt.

Nach den Erfolgen in den eigenen Giessereien wurden 1966 und 1970 die zwei ersten Bührer-Anlagen an Kunden in die USA und nach Spanien verkauft. Bis 1975 fanden insgesamt acht komplette Bührer-Anlagen einen externen Abnehmer, danach kam das Geschäft zum Erliegen.

Bührer-Anlage

Bührer-Anlage

Bührer-Anlage

Fittings – ein kreatives Produkt

Wasser, Dampf und Gas – das sind die häufigsten Stoffe, die in Rohrleitungssystemen mit Fittings transportiert werden. Warum nicht auch Pfeifenrauch?

Fittings regten schon früh die Fantasie vieler an, die mit ihnen zu tun hatten. Ihre Verwendung blieb nicht auf die Verbindung von Rohren für sanitäre Installationen oder Gasleitungen beschränkt. Seit Ende des 19. Jahrhunderts warb GF auch für Geländerfittings aus eigener Produktion, Fittings für Weinregale oder Teppichstangen und Velofittings. Auch abgesehen von solchen kommerziellen Nutzungen wurden Fittings sehr kreativ eingesetzt. Designer nutzten sie gern für Möbelprototypen, die damit schnell und einfach zusammengebaut werden konnten.

Berühmt sind aber auch die Fittingsmännchen, kleine Roboter, aus Fittings zusammengesteckt, die in unzähligen Varianten als Weihnachts- oder Abschiedsgeschenke überreicht wurden. Mancher GF-Direktor oder Abteilungsleiter kam früher oder später in den Genuss – wie Direktor Ernst Müller, den im Dezember 1946 bei seiner Rückkehr von einer USA-Reise ein Fittingsritter mit Federschmuck auf dem Schreibtisch erwartete: in der Hand eine Amerikafahne schwenkend, mit dem Willkommensgruss «Welcome home!».

Wie Direktor Müller reagierte, ist nicht überliefert – zumindest ein Schmunzeln dürfte ihm der kleine Kerl entlockt haben. Ein simpler Fitting, der Fantasie und Emotionen weckt – was will man mehr von einem Produkt?

Aber zurück zum Pfeifenrauch: Alfred Mink realisierte in den 1970er-Jahren für Helvetas Trinkwasserprojekte in Afrika. Der Lieferant der Fittings war GF. Offensichtlich regten die praktischen Gussstücke die Fantasie der Einheimischen an, was Herr Mink fotografisch festhielt. Die Fotografie gelangte später auf unbekannten Wegen ins Fotoarchiv von GF.

In dieser Tradition gründete GF 2002 die Stiftung Clean Water, die Menschen auf der ganzen Welt den Zugang zu sauberem Trinkwasser ermöglicht. Inzwischen wurden weltweit rund 130 Projekte realisiert, seit 2012 vor allem in Zusammenarbeit mit der Caritas Schweiz.

«Ausflug der GF-Kolleginnen»

«Wir plaudern und lachen, summen leise die Weisen mit, die der Gutsverwalter Herr Graf unermüdlich einem etwas verstimmten Klavier entlockt.» Musikalisch endete der Ausflug der GF-Mitarbeiterinnen im Jahr 1946, nach einer Wanderung über den Kohlfirst, der Besichtigung des Klosterguts Paradies und einem gemeinsamen Nachtessen im Restaurant Kreuz. Die Stimmung war heiter und die Gesellschaft zufrieden. Und dass die Reisekasse für den nächsten gemeinsamen Ausflug von der Direktion am Ende mit einem «schönen Hunderterschein» angereichert wurde, vernahm man mit Dank und Vorfreude.

Die Kunstgiesser von GF

Giessen ist eine hohe Kunst. Trotzdem verstand sich GF nie als Kunstgiesserei – oder einmal vielleicht doch. Der Bildhauer Robert Lienhard erhielt 1969 von einer Schweizer Bank den Auftrag, die Schalterhalle ihres Neubaus in Winterthur künstlerisch auszugestalten. Sein Projekt beruhte auf den von GF hergestellten Fassadenelementen aus Aluminiumguss, die er mit plastischen Elementen ergänzte. In der Leichtmetallgiesserei in Schaffhausen ging man gemeinsam ans Werk. Zuerst erstellte der Künstler ein Gipsmodell, das in den Formkasten eingepasst und mit grosser Sorgfalt mit Formsand eingedeckt wurde. Dann wurde das Formunterteil abgehoben und die Form abgegossen.

Nach der Montage der Kunstelemente in der Schalterhalle kehrte in der Leichtmetallgiesserei wieder Alltag ein, man widmete sich dem Kerngeschäft, das hiess Automobilfelgen, Achslagergehäuse und Panzerlaufräder, Feldstecherkörper und Nähmaschinengehäuse. Oder Tunnelleuchten, auch da war soeben ein bedeutendes Projekt erfolgreich abgeschlossen worden: Im Jahr zuvor war der San-Bernardino-Tunnel als erster Schweizer Alpendurchstich eröffnet worden. 86 Tonnen Aluminiumguss leuchteten darin – GF hatte die Gehäuse für die Tunnelbeleuchtung geliefert.

Leichtmetallguss

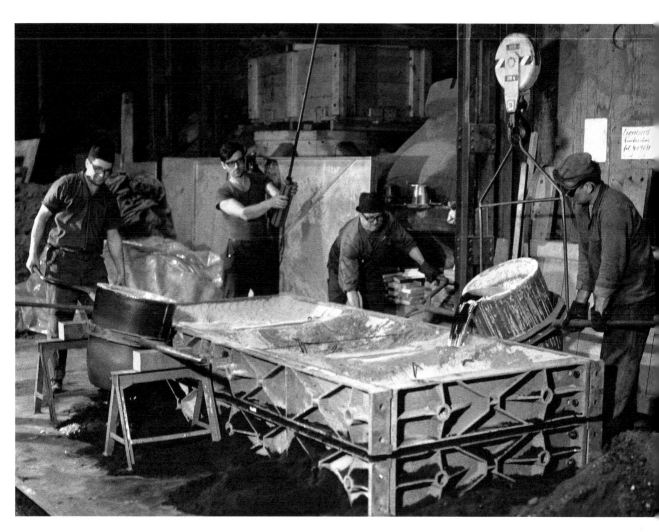

Leichtmetallguss

Leichtmetallguss

Trilex

«120 Kilometer pro Stunde mit dem Lastwagen!»

Der Saurer-Geländewagen, der 1936 in der Landschaft unterwegs ist, macht seinem Namen alle Ehre. Die Querfeldeinfahrt ermöglichen acht angetriebene Trilex-Einheitsräder und zwei nicht angetriebene Trilex-Leichtmetallräder auf einer in der Mitte liegenden Stützachse.

1932 entwickelte GF-Ingenieur Jacob Willem Mijnssen das Trilexrad für Nutzfahrzeuge: ein Hohlspeichenrad mit einem massiv gegossenen Radstern aus Stahlguss oder Temperguss und einer dreiteiligen, abnehmbaren Felge aus Stahl oder Leichtmetall. Die dreiteilige Felge ermöglichte den mühelosen Reifenwechsel auf der Strasse durch eine Person allein. Die «narrensichere Montage» machte das Rad bei Lastwagen- und Busfahrern beliebt.

Das Trilexrad legte eine steile Karriere hin: Nur wenige Jahre nach seiner Einführung wurde es zum Einheitsrad für die Schweiz, Deutschland und Italien. Den italienischen Markt bedienten die Lizenznehmer Borrani und Fiat, den deutschen die Bergische Stahl-Industrie und die Knorr-Bremse GmbH. 1942 erklärte ein Bundesratsbeschluss das Trilexrad zum vorgeschriebenen Normalrad aller Militärlastwagen in der Schweiz.

Als 1952 zum ersten Mal Trilexräder an einem amerikanischen Fahrzeug montiert wurden, war das eine kleine Sensation. Die Räder sollten zu Versuchs- und Demonstrationszwecken während einiger Zeit auf amerikanischen Highways laufen. Der GF-Mitarbeiter Krause, der die Lieferung an die White Motors Company in Cleveland begleitete, machte auch die erste Probefahrt mit. Acht Stunden sass er neben dem Testchauffeur Johnny, der einen 200-PS-Koloss von Lastwagen mit einem 20-Tonnen-Anhänger souverän durch den Feierabendverkehr in Cleveland manövrierte und danach eine 320 Kilometer lange Route auf den Highways absolvierte. «Unsere normale Reisegeschwindigkeit mit dem Lastwagen betrug 120 Kilometer pro Stunde, und wir überholten Luxuswagen aller Gattungen!» Das kühle Bier, das Krause nach Feierabend mit seinem neuen amerikanischen Freund genoss, schmeckte so gut wie noch nie!

Nur für Schwindelfreie!

1961 erhielt GF Besuch von der Direktion der Bernischen Kraftwerke. Sie informierte sich über die in Schaffhausen produzierten Armaturen für Hochspannungsleitungen. Seit fast 40 Jahren gehörten damals Elektroarmaturen bereits zur Produktpalette von GF – das heisst Armaturen für den Freileitungs- und den Stationenbau sowie für Fahrleitungen von Bahnen, Strassenbahnen und Trolleybussen.

Die Demonstration überzeugte die BKW-Direktoren, und GF lieferte in den nächsten Jahren Hunderttausende von Temperguss-, Stahl- und Leichtmetallarmaturen für die «Gemmileitung». Mit einer Länge von 186 Kilometern vom Wallis über den Gemmipass auf 2314 Metern über Meer bis Laufenburg am Rhein ist sie die längste 380-Kilovolt-Hochspannungsleitung der Schweiz. Die grösste Herausforderung für die GF-Konstrukteure lag in der Entwicklung von speziell auf eine alpine Leitung abgestimmten Schutzarmaturen gegen Sturm, Schnee, Kälte und den in den Bergen oft vorkommenden Blitzschlag.

Gleichzeitig realisierten die Nordostschweizerischen Kraftwerke ein schwindelerregendes Projekt mit GF-Elektroarmaturen: 1960 bis 1965 wurden für die «Vorableitung» 103 Kilometer Hochspannungsleitungen vom Vorderrhein in Graubünden über das Plateau des Vorabgletschers bis zum Unterwerk Breite im Kanton Zürich gespannt. Mit einer maximalen Höhe von 2720 Metern über Meer ist sie bis heute die höchstgelegene Freileitung Europas. 1967 und 1970 wurden die NOK-Monteure bei Unterhalts- und Reparaturarbeiten von den GF-Werkfotografen begleitet. Nur für Schwindelfreie!

In den folgenden Jahrzehnten operierte die Abteilung Elektroarmaturen oft im Windschatten des Grossstahlgusses. Bei Aufträgen für Turbinengehäuse oder Wasserräder eines neuen Kraftwerks lieferte GF häufig gleichzeitig die Freileitungsarmaturen für die Schaltanlage. Als der Grossstahlguss 1991 aufgegeben wurde, bedeutete dies auch das baldige Ende der Elektroarmaturen: 1993 wurde die Abteilung geschlossen.

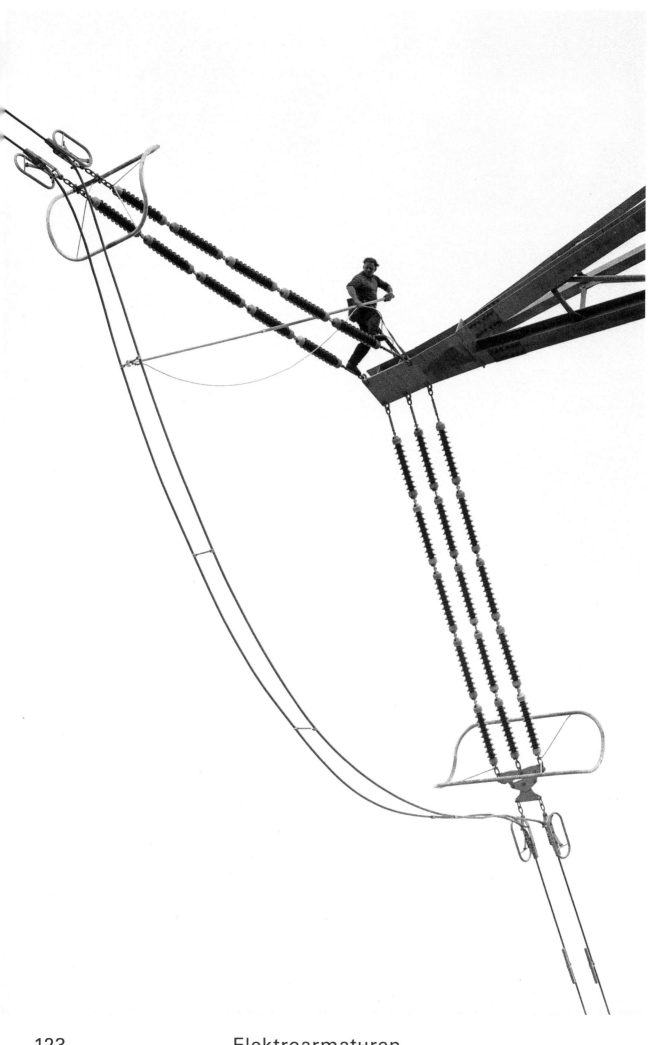

Ein ingeniöser Apparat in der Weberei

In der Maschinenindustrie ist das Mischen von Sand, Eisen und Stahl von jeher bekannt. Dass sich GF lange Jahre auch mit dem Mischen von Garnen beschäftigte, weiss man weniger. 1926 stieg GF mit der Herstellung von Spulenwechselautomaten, also Komponenten zur Automatisierung von Webstühlen, ins Textilmaschinengeschäft ein.

1960 waren weltweit 60 000 Apparate im Einsatz, in über zehn Ländern auf drei Kontinenten. Schon früh bestanden grosse Verträge mit der englischen Textilindustrie, aber auch der einheimische Markt setzte auf Automatisierung mithilfe von GF: Auf der Aufnahme von 1958 sind im Websaal der St. Galler Feinweberei AG in Elgg gerade einmal drei Arbeiterinnen auszumachen, zwischen einem Heer von Textilmaschinen. «Die Spulenwechsel-Automaten werden an bestehende Maschinen montiert, um Zeit und Arbeitskräfte einzusparen. Eine einzige Arbeiterin ist in der Lage, je nach Gewebe bis zu 100 mit den GF-Automaten versehene Webstühle zu bedienen. Der ingeniöse Apparat hat praktisch die Vollautomatik in der Weberei realisiert.» Mit dem Argument der Rationalisierung wurde in den 1960er-Jahren für die Automaten geworben.

Auch weiterhin nahm das Webmaschinengeschäft eine wichtige Position innerhalb des GF-Konzerns ein. Nach dem Zukauf von Textilmaschinenfirmen in der Schweiz, Deutschland und den Niederlanden generierte die Abteilung in den 1970er-Jahren regelmässig rund 15 Prozent des Gesamtumsatzes. Neue Maschinenarten kamen dazu, um den amerikanischen Markt zu bedienen. Durch einen Wechsel in der Konzernführung Anfang der 1980er-Jahre veränderten sich die strategischen Präferenzen. Neu in der Gunst standen die Werkzeugmaschinen und der Anlagenbau. 1982 wurde die Textilabteilung aufgelöst und die dazugehörigen Firmen verkauft.

«Eine berühmte Maschine in einem berühmten Werk»

Jeden Tag verliess 1955 eine Kopierdrehmaschine die Maschinenfabrik auf dem Ebnat in Schaffhausen. Sorgfältig wurde sie in eine solide Kiste verpackt, massgefertigt in der hauseigenen Schreinerei, und der Spedition übergeben. Kopierdrehmaschinen waren bereits auf der ganzen Welt im Einsatz: von Italien über Deutschland bis Schweden, von Indien über Japan bis in die USA.

Angefangen hatte es rund 20 Jahre zuvor mit der Starrdrehmaschine: GF erwarb 1937 die Lizenz für diese grundlegend neue Werkzeugmaschine, bei der sich nicht mehr der Fräser um das Werkstück, sondern das Werkstück unter dem Drehwerkzeug bewegte. In den folgenden Jahren entwickelten die GF-Ingenieure daraus die Kopierdrehmaschine, die ab 1948 eine steile Karriere in den verschiedensten Industriesparten antrat. Im August 1962 wurde die 5000. Maschine an die Motorenwerke Mannheim AG ausgeliefert.

Besonders beliebt war die Kopierdrehmaschine in der Automobilindustrie, nicht zuletzt wegen ihrer konstanten und zuverlässigen Leistung. 1954 hatte das Volkswagenwerk Wolfsburg 50 Kopierdrehmaschinen im Zwei- oder Dreischichtbetrieb im Einsatz, das heisst, die Maschinen liefen rund um die Uhr. Von Volkswagen vernahm man, dass soeben eine vor vier Jahren gelieferte Maschine in Dauerarbeit die Anzahl von 29 760 Maschinenstunden erreicht hatte: «Ausfall für Reparaturen während dieser Zeit: 10 Stunden. Selbstverständlich läuft die Maschine weiter!»

Kopierdrehmaschinen

Kopierdrehmaschinen

Kopierdrehmaschinen

1962 waren weltweit bereits über 2000 Wasserturbinen von GF im Einsatz. Die Stahlgiesserei in Schaffhausen hatte sämtliche Rekordhalter unter den Wasserkraftwerken beliefert – die grösste Turbine, die grösste Leistung, das höchste Gefälle der Welt. Im Vergleich dazu war der Auftrag, der in jenem Frühling im Mühlental bearbeitet wurde, nur Mittelklasse. Und doch war er für GF etwas ganz Besonderes: Der Bestimmungsort der zwei Kaplannaben, acht Kaplanschaufeln, zwei Rotornaben und 168 Polkerne mit einem Gesamtgewicht von 208 Tonnen lag gerade einmal einen Kilometer Luftlinie entfernt vom Produktionsort Stahlgiesserei. Die Komponenten bildeten zwei Kaplanturbinen und zwei Generatoren für das neue Kraftwerk von Stadt und Kanton Schaffhausen, das über den Rhein gebaut wurde. Ein echtes Heimspiel für GF.

Zuerst wurden die Gussteile allerdings nach Zürich und Baden geliefert, wo sie von Escher Wyss zu Turbinen und von Brown Boveri zu Generatoren weiterverarbeitet wurden. Im April 1963 war es dann so weit: Die erste Kaplanturbine mit einem Gewicht von 60 Tonnen und einem Durchmesser von 5,90 Metern wurde in die Maschinengrube im Rhein eingesetzt. Nach weiteren Montagearbeiten konnte am 30. November 1963 der erste Strom erzeugt werden.

Bis zur Fertigstellung des gesamten Bauwerks dauerte es noch vier weitere Jahre. Der 100-jährige Moserdamm und die Stromschnellen mussten beseitigt werden, und die neue Staustrecke erforderte umfassende Anpassungen an den Ufern. Auch hier war GF Lieferant: Für die nötigen Aufschüttungen wurde Aushubmaterial aus dem gleichzeitig entstehenden Industriegebiet Herblingertal an der Peripherie von Schaffhausen verwendet.

Und ein Rekordhalter ist das Wasserkraftwerk dann doch: Es ist das höchstgelegene Kraftwerk am Hochrhein. Diesen Titel wird ihm sicher niemand streitig machen.

Glück auf!

Knapp 30 Kilometer Stollen mit einer Höhendifferenz von 1500 Metern winden sich 1946 bereits ins Bergmassiv Gonzen bei Sargans. In zwei Schichten wird damals an diesem bedeutendsten Bergbauort der Schweiz Roteisenstein gewonnen, pro Jahr über 110 000 Tonnen. Die Bergleute sind unermüdlich mit ihren Öllampen unterwegs und spitzen Erzklumpen aus dem Fels.

Das Eisenbergwerk Gonzen gehörte seit 1919 je zur Hälfte zwei Schwergewichten der Schweizer Metallindustrie: GF in Schaffhausen und Gebrüder Sulzer in Winterthur. Um 1920 beschäftigte das Eisenbergwerk Gonzen rund 180 Personen, in den 1940er-Jahren stieg die Belegschaft auf 380 Personen. Da kein eigenes Hüttenwerk zur Verfügung stand, musste das Eisenerz zur Verhüttung über grosse Distanzen – zum Teil bis ins Ruhrgebiet – transportiert werden. Nach dem Zweiten Weltkrieg sank die Jahresproduktion sukzessive auf 18 000 Tonnen. Die sinkenden Weltmarktpreise machten dem Bergwerksbetrieb in den Schweizer Alpen zu schaffen.

Am 2. Mai 1966 hiess es zum letzten Mal «Glück auf!» am Gonzen. Danach wurde der Erzabbau eingestellt. Heute kann das ehemalige Eisenbergwerk auf Führungen und mehrtägigen Touren besichtigt werden.

Automobilguss

Massenmotorisierung mit GF-Beteiligung

Mit dem Aufschwung nach dem Zweiten Weltkrieg begann in Europa die Massenmotorisierung. Insbesondere während des deutschen Wirtschaftswunders boomte die Automobilindustrie. Die deutschen GF-Werke in Singen und Mettmann waren mit Aufträgen mehr als ausgelastet; dank steigender Nachfrage der Automobilindustrie konnten sie die Jahresproduktion von 1949 bis 1959 mehr als verdreifachen. GF war im Rädergeschäft schon sehr gut positioniert, im weiteren Automobilguss spezialisierte man sich nun auf sogenannte kritische Komponenten, das heisst Sicherheitsteile des Motors, des Antriebs und des Fahrwerks, sowohl für Personenwagen wie für Nutzfahrzeuge.

Um die Qualität der hoch beanspruchten Gussteile sicherzustellen, wurden konstant Belastungstests durchgeführt. Die Mitarbeiterin im Werk Mettmann behandelt und magnetisiert hier im Jahr 1963 Nockenwellen aus Temperguss für die anschliessende Rissprüfung. Neben der Materialprüfung steuerte die Werkstoffentwicklung ihren Teil zur Optimierung des Automobilgusses bei. 1971 wurde das Magnesium-Konverterverfahren zur Herstellung von Sphäroguss im Werk Mettmann entwickelt und von GF patentiert. Zusammen mit dem Leichtmetallguss löste der Sphäroguss den Temperguss in der Automobilsparte nach und nach ab. Die konstanten Investitionen in die Forschung und Entwicklung zahlten sich aus und bescherten GF treue Kunden in der Automobilindustrie, vornehmlich in Deutschland, England und Skandinavien. Viele von ihnen gehören bis heute zum – inzwischen globalen – Kundenkreis von GF Automotive.

Verschiedene Länder – gleiche Firmenkultur

Am 26. August 1933 erfolgte der erste Abstich in der im Jahr zuvor erworbenen Britannia Iron and Steel Works Ltd. im englischen Bedford. In den Monaten zuvor war die Giesserei mit Maschinen aus Schaffhausen ausgerüstet worden, um die Produktion von Tempergussfittings für den englischen Markt und die britischen Kolonien aufnehmen zu können. Auch schickte die Mutterfirma Techniker und Monteure aus der Schweiz nach England, für die Einrichtung und die Instruktion der englischen Kollegen. Manchen gefiel es auf der britischen Insel so gut, dass sie über die geplante Zeit hinaus blieben und heimisch wurden.

Bedford war – nach Singen und Mettmann in Deutschland – der dritte Produktionsstandort von GF im Ausland. Die Giessereien sahen sich ähnlich, die Produkte waren die gleichen – nur die Mitarbeitenden unterschieden sich. Die Zuordnung der Betriebsreportage von 1966 zum angelsächsischen GF-Standort fällt nicht schwer.

Der weitere internationale Ausbau verlief zögerlich. 1960 zählte GF insgesamt 7 Produktions- und Verkaufsstandorte, 1970 waren es 21.

Die erste transatlantische Beteiligung erfolgte 1962 an einer Firma in den USA, 1971 wurde mit der Übernahme einer japanischen Vertreterfirma der erste Schritt nach Asien unternommen. Nach und nach kamen weitere Standorte dazu, manche wurden aber im Lauf der Jahre auch wieder geschlossen oder verkauft. Heute gehören zum GF-Konzern mehr als 130 Gesellschaften in über 30 Ländern. Und nach wie vor gilt: Die Firmenkultur ist die gleiche, die Menschen machen den Unterschied.

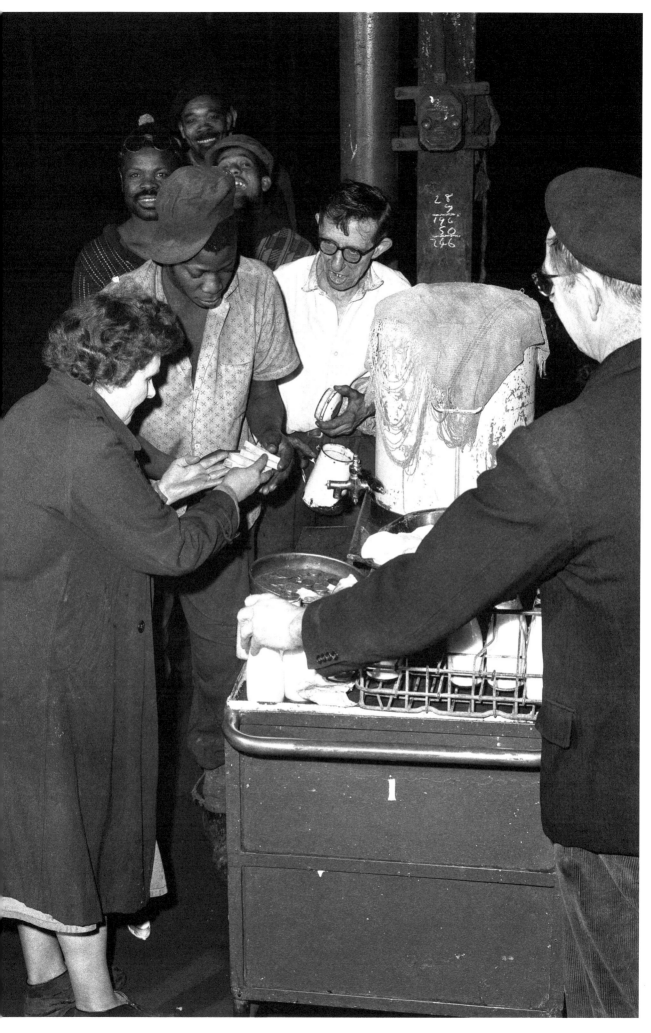

Expansion

«GF auf Schienen»

Auf Herz und Nieren war die vollautomatische Eisenbahnkupplung getestet worden, bevor sie 1961 auf den Markt gebracht wurde: Die Bruchlast lag bei 150 Tonnen und die Druckfestigkeit bei 200 Tonnen. Zudem funktionierte sie unter klimatischen Extrembedingungen bis minus 40 Grad Celsius einwandfrei. Ein wichtiges Argument, das GF grosse Bestellungen für den alpinen und skandinavischen Bahnverkehr bescherte: Bald waren die Brünigbahn, die Rhätische Bahn und die hier vorbeifahrende Berner Oberland-Bahn mit automatischen Kupplungen aus Schaffhausen in den Schweizer Alpen unterwegs. Und auch die Staatsbahnen von Finnland und Norwegen zählten zu den Kunden.

Zur Abteilung Eisenbahnmaterial gehörten neben den Kupplungen auch die seit über 20 Jahren hergestellten, gummigefederten SAB-Räder sowie im Kundengussbereich Achslagergehäuse und Pufferstössel. Die Kunden waren Normal- und Schmalspurbahnen, U-Bahnen, beispielsweise in Helsinki und Brüssel, oder Strassenbahnen. Für Letztere war parallel zu den automatischen Eisenbahnkupplungen die automatische Tramkupplung entwickelt worden. 1961 war sie bereits bei den Gelenktrams in der Stadt Zürich im Testbetrieb. Bei GF war man zuversichtlich, dass sie die Bewährungsprobe bestehen würde, denn «da nun keine Kabel mehr von Hand zu stecken und zu trennen und keine Luftschläuche mehr zu kuppeln und zu entkuppeln sind, kann diese Arbeit des Trennens des Triebwagens vom Anhänger selbst einer zarten Billeteuse übertragen werden».

Funken schaffen Formen

1954 brachte GF eine Weiterentwicklung seiner bereits traditionellen Kopierdrehmaschinen auf den Markt. Zur gleichen Zeit wurde in den Forschungsabteilungen der Ateliers des Charmilles in Genf und der AG für industrielle Elektronik (AGIE) in Basel und später Losone eine absolut neuartige Bearbeitungsmethode von Werkstücken durch Funkenerosion entwickelt. Die zwischen zwei Elektroden erzeugten Funken ermöglichten eine ausserordentlich präzise Abtragung von Metallteilchen und eröffneten plötzlich ungeahnte Möglichkeiten zur Bearbeitung extrem harter und schwer zu handhabender Werkstoffe. Die Funkenerosion war die Zukunft der Fertigungstechnik. Die Maschinen für höchste Ansprüche wurden am Laufmeter zusammengebaut, wie hier in den frühen 1960er-Jahren in Genf.

GF verfolgte die Entwicklung genau und war zur richtigen Zeit am richtigen Ort: 1983 übernahm man gleichsam über Nacht die Abteilung Werkzeugmaschinen der Ateliers des Charmilles, als das Unternehmen durch den Verkauf der Turbinensparte aufgelöst wurde. Sechs Jahre später verkaufte GF seine Drehmaschinenabteilung und konzentrierte sich im Bereich Fertigungstechnik auf Elektroerosion. Mit dem Kauf von AGIE 1996 waren die EDM-Marktführer und früheren Konkurrenten im gleichen Konzern vereint. Durch die Fusion von Charmilles Technologies und AGIE entstand die heutige Division GF Machining Solutions. Innovation durch Akquisition. Auch das will gekonnt sein.

«Wir zeigen unsere Werke»

Nach dem Abschluss eines fast zehnjährigen Um- und Ausbaus der Stahlgiesserei im Mühlental war es an der Zeit, die Neugierde von Mitarbeitenden und Öffentlichkeit, die einen Blick hinter die Backsteinmauern werfen wollten, zu stillen. Am 21. Mai 1966 öffnete GF für alle internen und externen Interessierten die Tore zum neuen Werk I und zu den übrigen Schaffhauser Werken. Der Andrang war überwältigend, wie die Aufnahmen der Werkfotografen dokumentieren – und wie aus dem Bericht in der Mitarbeiterzeitschrift hervorgeht: «Grosse Anziehungskraft ging von der fast schon sagenhaft gewordenen Bührer Form- und Giessanlage in der Tempergiesserei aus. Der Werkbeauftragte hatte seinen Laufsteg für 10 000 Leute gebaut und prophezeite ein Chaos, wenn es mehr wären. Das Chaos blieb glücklicherweise trotz des weit grösseren Andranges aus.»

Regelmässige Besuchstage und Tage der offenen Tür hatten bereits eine jahrzehntelange Tradition, die auf eine Initiative im Winter 1941/42 zurückging. Unter dem Motto «Wir zeigen unsere Werke» waren in diesem Kriegswinter an mehreren Wochenenden Führungen für die Familien von Mitarbeitenden durch die Werke auf dem Ebnat angeboten worden. Bald wurden die Führungen auch für Werksangehörige anderer Abteilungen institutionalisiert, und mit Befriedigung wurde festgestellt: «Was wir beabsichtigten, ist erreicht worden: das Wissen um das, was wir fabrizieren, ist erweitert, das Gefühl der Zusammengehörigkeit irgendwie vertieft und der Stolz auf die Erzeugnisse unserer Werke gestärkt worden.» Eine Tradition der Offenheit, die bis heute bei GF nach innen und aussen gepflegt wird.

Besuchstage

Besuchstage

Besuchstage

Plastikflaschen

Vom Aufstieg und Fall des GF Multiblow Systems

In den USA hatte es sich bereits bewährt: das Blasformverfahren für Kunststoff-Hohlkörper. Die amerikanische Firma Uniloy rüstete damit erfolgreich die Molkerei- und die Getränkeindustrie aus und auf. Nun wollte GF den europäischen Markt erobern und erwarb 1968 von Uniloy die Lizenz für den Bau von Hohlkörper-Blasanlagen. Aus den vielseitigen Anwendungsbereichen erkannte GF für sich hauptsächlich den Verpackungssektor als interessantes Marktsegment. Im gleichen Jahr wurde das GF Multiblow System an der Interpack in Düsseldorf vorgestellt. Kern dieses Systems war eine Blasanlage, die stündlich 3600 Vierteliter-Flaschen aus Polyethylen herstellte.

Sozusagen im Selbstversuch wurde in den GF-Kantinen in Schaffhausen Milch in den neuen Kunststoffflaschen ausgegeben: «Der Verkauf der Pastmilch in unseren Kantinen nahm um über 20 Prozent zu. Vor allem loben unsere Mitarbeiter den sauberen Eindruck, das einfache Öffnen und den Vorteil, dass die Flaschen nach Gebrauch wieder verschlossen werden können.»

Der interne Erfolg täuschte, und die Marktbearbeitung verlief äusserst harzig. Offensichtlich war die Zeit in Europa noch nicht reif für Getränke und Molkereiprodukte aus Kunststoffbehältern. 1970 konnte eine erste Multiblow-Anlage nach England verkauft werden. Es folgten einige wenige Lieferungen in die Schweiz, nach Frankreich und Deutschland. Das war's. 1973 wurde die Abteilung Plastikflaschen sang- und klanglos wieder geschlossen. Fünf Jahre Aufbauarbeit waren umsonst gewesen, dafür war GF um eine Erfahrung reicher: Jede Innovation braucht die richtige Zeit und den richtigen Ort.

Plattpressen ja, Brechen nein

Die materielle Eigenschaft, die den Temperguss ausmacht, könnte nicht besser vor Augen geführt werden. Der Arbeiter im Werk III in Schaffhausen demonstriert dem Fotografen 1942 die gute Verformbarkeit der Tempergussfittings: Plattpressen ja, Brechen nein.

Das Privileg für die «Fabrication von hämmer- und schweissbarem Gusseisen», das Johann Conrad Fischer 1828 in Österreich erlangte, war für seine Nachkommen Gold wert. Dank der frühen industriellen Umsetzung in Schaffhausen im Jahr 1859 erlangte GF rasch ein unschätzbares Know-how und einen ausgezeichneten Ruf als Tempergiesserei in der ganzen Welt.

Seine materiellen Eigenschaften – neben Verformbarkeit auch hohe Zähigkeit und Festigkeit – erschlossen dem Temperguss ein breites Anwendungsgebiet, das von Fittings über Konstruktionselemente für Maschinen bis zu Elektroarmaturen und Motorfahrzeugbau reichte.

Bis in die 1970er-Jahre wurde die Tempergussproduktion stetig ausgebaut. Danach lösten neue Werkstoffe das omnipräsente Material schleichend ab: Im Fittingsbereich setzten sich Kunststoffe durch. Die Automobilindustrie bevorzugte mehr und mehr Bauteile aus Leichtmetall. Und trotzdem: Der Temperguss hält sich in der GF-Produktpalette bis heute. Produziert wird er dort, wo sein Aufstieg vor fast 200 Jahren seinen Anfang nahm: in Österreich.

Temperguss

Industrielle Landwirtschaft im Paradies

Fünfzig Hektar umfasste die landwirtschaftliche Nutzfläche des Klosterguts Paradies am Rhein, die GF am 19. Oktober 1918 für 300 000 Franken erwarb. Das Ziel war, industrielle Landwirtschaft zu betreiben, um eine weitestmögliche Selbstversorgung der Werke in den Kantinen sowie der Werksangehörigen zu erreichen. Dass mitten auf diesem Land eine mittelalterliche Klosteranlage stand, nahm man hin, und richtete darin Wohnungen für 20 Arbeiterfamilien ein. Einzig mit der katholischen Klosterkirche konnte der Industriebetrieb aus dem reformierten Schaffhausen nichts anfangen – sie wurde nicht übernommen, sondern der katholischen Kirchgemeinde überlassen.

Bis Ende der 1940er-Jahre stand die Landwirtschaft im Paradies im Vordergrund, dann wurde die Klosteranlage sukzessive restauriert und der alte Baumbestand im Klosterpark gepflegt und teilweise verjüngt. 1952 zog die Eisenbibliothek in den ehemaligen Gästetrakt, 1974 wurde im Kloster das Ausbildungszentrum eröffnet. Drei Jahre zuvor war die Viehwirtschaft im Paradies aufgegeben worden.

Das Ausbildungszentrum von GF füllt die Klostermauern bis heute mit Leben. Was früher Kurse waren, nennt man heute «Trainings». Aber die besondere Atmosphäre ist geblieben – zur Freude der Mitarbeitenden: Wo sonst wird einem zum Arbeiten ein Paradies geboten?

Achtung, Aufnahme!

Normalerweise ist er unsichtbar, agiert hinter der Kamera und rückt die Direktion oder die Arbeiter in der Produktion ins beste Licht: der Werkfotograf. 1966 erlangte der damalige Werkfotograf Max Graf das Meisterdiplom des Schweizerischen Fotografenverbandes und stand aus diesem Anlass für einmal selbst im Rampenlicht. Ein Kollege schaute dem frisch gekürten Meisterfotografen durch die Linse bei seiner Arbeit in der Stahlgiesserei zu. Zuerst die Absprache mit den Arbeitern, dann die Suche nach dem geeigneten Standort – in diesem Fall ganz oben auf einer grossen Giessform – und dann: Achtung, Aufnahme!

Fotoreportagen

Jakob Tuggener

1960 beauftragte GF den Schweizer Industriefotografen Jakob Tuggener (1904–1988) mit einer Betriebsreportage über die Graugiesserei in Schaffhausen. Tuggener war bereits damals ein international beachteter und ausgezeichneter Fotograf. So waren seine Fotografien 1953 erstmals in einer Ausstellung im Museum of Modern Art in New York zu sehen, und 1957 wurde er an der ersten Internationalen Fotobiennale in Venedig mit der Goldmedaille ausgezeichnet.

Die industrielle Welt war Tuggener seit seiner Lehre als Maschinenzeichner 1919–1923 bei der Maag Zahnräder AG in Zürich vertraut, wo er nach Lehrabschluss auch weiterhin als Konstruktionszeichner arbeitete. 1930 verabschiedete er sich als Akteur aus der Maschinenindustrie, um ihr in den folgenden Jahrzehnten als fotografischer Beobachter die Treue zu halten. 1930/31 zog es ihn nach Berlin, wo er an der Reimann-Schule Typografie, Gestaltung, Zeichnen und Film studierte. Zurück in der Schweiz startete der fotografische Autodidakt ab 1932 seine Karriere als freischaffender Fotograf. Eine häufige Auftraggeberin wurde die Maschinenfabrik Oerlikon, für deren Firmenzeitschrift er ab 1935 als freier Mitarbeiter tätig war. 1943 erschien sein Fotoband «Fabrik. Ein Bildepos der Technik».

Tuggener war ein Maschinenfanatiker, das Rauschen der Maschinen in einer Fabrikhalle war Musik in seinen Ohren. Trotz dieser Faszination hatte er keinen verklärten Blick auf die Industriewelt. Seine Werkreportage für GF zeichnet ein realistisches Bild des Giessereialltags, der von harter körperlicher Arbeit geprägt war. Mit seiner Kamera fing er auch den Stolz der Giesser ein, ihre Sorgfalt, ihre Kollegialität – und ihren Humor.

Aus dem rund 300 Aufnahmen umfassenden Auftragswerk, das zwischen dem 12. und 15. Januar 1960 in der Graugiesserei von GF entstand, wurden in den 1960er-Jahren vereinzelte Fotografien für die Bebilderung der Mitarbeiterzeitschrift und des Geschäftsberichts verwendet. Zum ersten Mal wird hier eine grössere Anzahl von Tuggeners GF-Fotografien als zusammenhängende Reportage publiziert.

Max Graf

Max Graf (1923–1997) arbeitete von 1956 bis 1969 als Werkfotograf bei GF. In seinen Aufnahmen dokumentierte er die gesamte Arbeitswelt von GF: von der Produktion in Schaffhausen über Produktaufnahmen, Dokumentationen für Zollformalitäten oder die Forschungsabteilung, das soziale Leben ausserhalb der Firma bis hin zu Jubilarenfahrten und Weihnachtsfeiern. Zwischendurch reiste er für Betriebsreportagen zu den ausländischen Tochterfirmen nach Deutschland, England oder in die Niederlande und begleitete besonders kostbare Lieferungen bis in den Frachthafen in Rotterdam oder Hamburg. Seiner Kamera entging nichts.

Graf arbeitete zuerst als Kernmacher und Elektroschweisser, bevor er in die Dunkelkammer von GF wechselte. Mit diesem handwerklichen Hintergrund erarbeitete er sich innerhalb kürzester Zeit das Eidgenössische Meisterdiplom als Fotograf, ehe er den Sprung in die Selbstständigkeit wagte. Auch als freischaffender Fotograf kehrte er für wichtige Aufträge immer wieder in die GF-Werke zurück. Im Konzernarchiv der Georg Fischer AG umfasst sein eindrückliches Vermächtnis über 15 000 Fotografien, entstanden von 1952 bis 1989.

Besonders angetan hatte es Graf die Stahlgiesserei im Mühlental. Er inszenierte den Grossstahlguss als prächtiges Schauspiel, fing grandiose Szenen in der Schmelzerei, beim Abguss oder in der anschliessenden Bearbeitung ein. Die monströsen Gussstücke setzte er wirkungsvoll in Szene, die Arbeiter wirken daneben wie Statisten.

Hier werden zwei Reportagen in Grafs Lieblingskulisse nebeneinandergestellt. Im Juni 1964 dokumentierte er den Alltag in der Stahlgiesserei und schaute seinen Kollegen durch die Linse bei der Arbeit zu. In der Nacht vom 17. Oktober 1964 war Graf dann für ein besonderes Schauspiel im Einsatz: In der Grossstahlgiesserei stand eine enorme Gussform bereit, die die Kapazität der Schmelzöfen überstieg. Der zusätzliche Flüssigstahl wurde in der Schmelzerei auf dem Ebnat in isolierte Gusspfannen gefüllt und quer durch Schaffhausen in die Stahlgiesserei im Mühlental transportiert. Um fünf Uhr morgens war es dann so weit: Der Abguss konnte beginnen. Max Graf war in seinem Element!

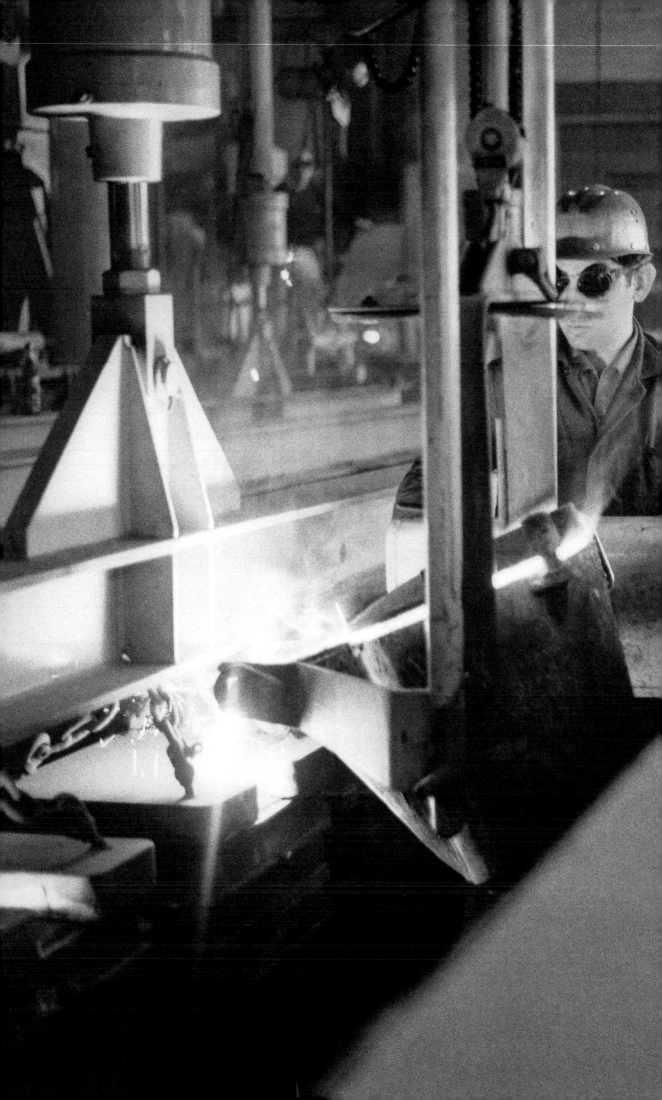

Literaturverzeichnis

Verwendete Quellen und eine Auswahl weiterführender Literatur zur Geschichte von GF:

Ackermann, Ernst/Meier, Walther: Dreissig Jahre Aktiengesellschaft der Eisen- und Stahlwerke vormals Georg Fischer Schaffhausen 1896–1926. Zürich 1926.

Boesch, Hans: Die Unternehmungen von Johann Conrad Fischer. Ein Beitrag zur Geschichte und Wirtschaftsgeographie der Stahlindustrie in der ersten Hälfte des 19. Jahrhunderts. Schaffhausen 1951 (Neujahrsblatt der Naturforschenden Gesellschaft Schaffhausen 4/1952).

Eggimann, Franziska: Die «Entrümpelung der Schweiz». Die Beschaffungslogistik der Eidgenössischen Schrottkommission im Zweiten Weltkrieg. Aus dem Konzernarchiv der Georg Fischer AG. In: Ferrum, Nachrichten aus der Eisenbibliothek, Nr. 88 (2016), S. 130–139.

Eggimann, Franziska: Vom Krisenartikel zum Hausfrauentraum. Die Geschichte des GF-Kochgeschirrs 1933–1968. Aus dem Konzernarchiv der Georg Fischer AG. In: Ferrum, Nachrichten aus der Eisenbibliothek, Nr. 87 (2015), S. 83–90.

Fischer, Johann Conrad: Tagebücher 1773–1854. Bearbeitet von Karl Schib. Schaffhausen 1951.

Georg Fischer AG: GF intern. Personalzeitschrift der Georg Fischer Aktiengesellschaft, Nr. 1 (1977) bis Nr. 121 (2005).

Georg Fischer AG: +GF+ 175 Jahre Fortschritt, 1802–1977. Schaffhausen 1977.

Georg Fischer AG: Hundertfünfzig Jahre Georg Fischer Werke 1802–1952. Schaffhausen 1952.

Georg Fischer AG: An outline of the development of the George Fischer Works. Schaffhausen 1950.

Georg Fischer AG: Aus der Entwicklung der Georg-Fischer-Werke. Schaffhausen 1949.

Georg Fischer AG: Soziales Wirken. Eine Darstellung der Sorge um den Menschen in den Georg-Fischer-Werken. Bearbeitet von Johannes Müller. Schaffhausen 1949.

Georg Fischer AG: GF Mitteilungen. Mitarbeiterzeitschrift der Georg Fischer Aktiengesellschaft, Nr. 1 (1944) bis Nr. 164 (1972).

Georg Fischer AG: Geschäftsberichte 1896–2016.

Georg Fischer AG (Hg.): Unser Jubiläumsjahr: wie Georg Fischer 200 wurde. Our Bicentenary: how Georg Fischer turned 200. Schaffhausen 2003.

Georg Fischer Piping Systems (Hg.): Plastics. GF piping systems. 50 years of know-how in plastics. Schaffhausen 2007.

Georg Fischer Piping Systems (Hg.): Kunststoff. GF Piping Systems. 50 Jahre Kunststoff-Know-how. Schaffhausen 2006.

Gnade, Rudolf (Hg.): The Metallurgist Johann Conrad Fischer, 1773–1854, and his relations with Britain. Schaffhausen 1947.

Gnade, Rudolf/Schib, Karl: Johann Conrad Fischer 1773–1854. Aus der Schriftenreihe zum hundertfünfzigjährigen Bestehen der Georg Fischer Werke. Schaffhausen 1954.

Henderson, William O.: Johann Conrad Fischer and his Diary of Industrial England 1814–1851. London 1966.

John, V.: 50 Jahre GF Werkbahn 1913–1963. Schaffhausen 1963.

Knoepfli, Adrian: «… das äusserste herausgeholt». Die Eisen- und Stahlwerke Georg Fischer im Ersten Weltkrieg. In: Roman Rossfeld, Tobias Straumann (Hg.): Der vergessene Wirtschaftskrieg. Schweizer Unternehmen im Ersten Weltkrieg. Zürich 2008, S. 171–200.

Knoepfli, Adrian: Mit Eisen- und Stahlguss zum Erfolg. Johann Conrad Fischer (1773–1854), Georg Fischer I (1804–1888), Georg Fischer II (1834–1887), Georg Fischer III (1864–1925). Meilen 2002 (Schweizer Pioniere der Wirtschaft und Technik 74).

Knoepfli, Adrian: Von Georg Fischer III zu Ernst Homberger. Die Georg Fischer AG 1890–1940. In: Schaffhauser Beiträge zur Geschichte, herausgegeben vom Historischen Verein des Kantons Schaffhausen, Bd. 75 (1998), S. 111–160.

Landes, David S.: Wohlstand und Armut der Nationen. Warum die einen reich und die anderen arm sind. Berlin 1999.

Landes, David S.: The Wealth and Poverty of Nations: Why Some are So Rich and Some So Poor. New York 1998.

Moser, Clemens: Ernst Jacob Homberger-Rauschenbach und die Georg Fischer AG. In: Zeitschrift für Unternehmensgeschichte, 36 (1991), S. 76–102.

Schib, Karl: Johann Conrad Fischer 1773–1854. In: Schaffhauser Biographien des 18. und 19. Jahrhunderts, herausgegeben vom Historischen Verein des Kantons Schaffhausen zur Erinnerung an sein 100jähriges Bestehen. Thayngen 1956.

Schib, Karl: Geschichte des Klosters Paradies. Herausgegeben von der Georg Fischer Aktiengesellschaft. Schaffhausen 1951.

Weber, H.: Sozialer Wohnungsbau bei der Georg Fischer Aktiengesellschaft Schaffhausen. Schaffhausen 1956.

Wipf, Hans Ulrich: Wo Staub und Hitze einst den Alltag prägten. Das ehemalige Werk III von Georg Fischer und seine Geschichte. Schleitheim 2014.

Wipf, Hans Ulrich: Georg Fischer AG 1930–1945. Ein Schweizer Industrieunternehmen im Spannungsfeld Europas. Zürich 2001.

Bildnachweis

Sämtliche Fotografien befinden sich im Konzernarchiv der Georg Fischer AG (GFA). Die Bildrechte liegen, sofern nicht anders vermerkt, bei der Georg Fischer AG, Schaffhausen.

Umschlag vorne: GFA 17/421114, 1942, Eidenbenz
Umschlag hinten: GFA 16/43808, 1943, Ferdy Baumann
S. 25–27: GFA 17/520574, 1952, C. Koch
S. 28: GFA 17/201, um 1910, Fotograf unbekannt
S. 30–31: GFA 16/3936, 1930, Fotograf unbekannt
S. 33: GFA 16/43952, 1943, Ferdy Baumann
S. 34 (oben): GFA 16/3226, 1926, Fotograf unbekannt
S. 34 (unten): GFA 17/590511, 1959, Max Graf
S. 35: GFA 17/481281, 1948, Beringer & Pampaluchi
S. 37: GFA 17/641595, 1964, Max Graf
S. 38: GFA 16/3721, um 1925, Fotograf unbekannt
S. 41 (oben): GFA 16/70, um 1899, Fotograf unbekannt
S. 41 (unten): GFA 16/4639, 1946, Ferdy Baumann
S. 42: GFA 16/7061, 1934, Fotograf unbekannt
S. 45 (oben): GFA 16/2924, um 1922–1926, Fotograf unbekannt
S. 45 (unten): GFA 16/2890, um 1922–1926, Fotograf unbekannt
S. 46: GFA 17/772064, 1977, Fotograf unbekannt
S. 48–49: GFA 17/771198, 1977, Heinz Erismann
S. 50: GFA 17/4075, 1940, Ferdy Baumann
S. 53: GFA 17/670362, 1967, Max Graf
S. 54: GFA 17/670556, 1967, Max Graf
S. 55: GFA 17/670558, 1967, Max Graf
S. 57: GFA 17/641738, 1964, Max Graf
S. 58–61: GFA 16/40591, 1940, Ferdy Baumann
S. 63: GFA 17/44520, 1944, Fotograf unbekannt
S. 64 (oben): GFA 17/581153, 1910, Fotograf unbekannt
S. 64 (unten): GFA 17/500953, 1925, Fotograf unbekannt
S. 67: GFA 17/620190, 1962, Max Graf
S. 68: GFA 17/681288, 1968, Heinz Hasler
S. 69 (oben): GFA 17/610742, 1961, Heinz Schilling
S. 69 (unten): GFA 17/690642, 1969, Max Graf
S. 71: GFA 16/471152, 1947, Fotograf unbekannt
S. 72: GFA 16/43808, 1943, Ferdy Baumann
S. 75: GFA 17/471338, 1923, Fotograf unbekannt
S. 76: GFA 13/76.3870, 1930, Fotograf unbekannt
S. 79 (oben): GFA 16/12189, 1939, Fotograf unbekannt
S. 79 (unten): GFA 16/2931, 1922, Fotograf unbekannt
S. 80: GFA 17/651720, 1965, Max Graf
S. 83: GFA 13/3.3, um 1897, Fotograf unbekannt
S. 84: GFA 25/1479, 1930, Fotograf unbekannt
S. 86–87: GFA 17/3861, 1930, Fotograf unbekannt
S. 89 (oben): GFA 17/1252, 1915, Fotograf unbekannt
S. 89 (unten): GFA 17/1901, 1916, Fotograf unbekannt
S. 90: GFA 17/510107, 1951, Ferdy Baumann
S. 93–95: GFA 13/99, 1971, Armin Gessler
S. 96 (oben): GFA 17/490367, 1949, Ferdy Baumann
S. 96 (unten): GFA 17/490369, 1949, Ferdy Baumann
S. 99: GFA 17/710144, 1895, Fotograf unbekannt
S. 101: GFA 17/660455, 1966, Max Graf
S. 102 (oben): GFA 17/650991, 1965, Max Graf
S. 102 (unten): GFA 17/700680, 1970, Heinz Hasler
S. 103 (oben): GFA 17/700680, 1970, Heinz Hasler
S. 103 (unten): GFA 17/650599, 1965, Max Graf
S. 104: GFA 16/521, 1903, Fotograf unbekannt
S. 107: GFA 17/580601, 1958, M. Wolgensinger
S. 108 (oben): GFA 17/560801, 1956, Ferdy Baumann
S. 108 (unten): GFA 17/580600, 1958, M. Wolgensinger
S. 109: GFA 17/560801, 1956, Ferdy Baumann
S. 110: GFA 17/740711, 1974, Alfred Mink, mit freundlicher Genehmigung der Familie Mink, Russikon
S. 112: GFA 16/46906, 1946, Fotograf unbekannt
S. 115–116: GFA 17/690351, 1969, Max Graf
S. 117 (oben): GFA 17/690351, 1969, Max Graf
S. 117 (unten): GFA 17/690617, 1969, Max Graf
S. 118: GFA 16/8993, 1936, Fotograf unbekannt
S. 121: GFA 17/610900, 1961, Max Graf
S. 122–123: GFA 17/671121, 1967, Max Graf
S. 124: GFA 17/581046, 1958, Max Graf
S. 127 (oben): GFA 17/550711, 1955, Ferdy Baumann
S. 127 (unten): GFA 16/45148, 1945, Ferdy Baumann
S. 128–129: GFA 16/510968, 1951, Ferdy Baumann
S. 130: GFA 17/671185, 1963, Rolf Wessendorf
S. 133: GFA 16/461034, 1946, Fotograf unbekannt
S. 134: GFA 17/630194, 1963, Max Graf
S. 137–139: GFA 17/660143, 1966, Max Graf
S. 141: GFA 17/681488, 1968, SIG
S. 142: um 1960, Fotograf unbekannt
S. 145: GFA 17/661331, 1966, Max Graf
S. 146 (oben): GFA 17/661331, 1966, Max Graf
S. 146 (unten): GFA 17/661331, 1966, Bührer
S. 147: GFA 17/661331, 1966, J. Brügger
S. 148: GFA 17/700131, 1970, Heinz Hasler
S. 151: GFA 17/421114, 1942, Eidenbenz
S. 152: GFA 17/510523, 1951, Heiniger
S. 155: GFA 17/661330, 1966, J. Brügger
S. 159–185: GFA 13/34, 1960, Jakob Tuggener, © Jakob Tuggener-Stiftung, Uster
S. 187–193: GFA 17/641464, 1964, Max Graf
S. 194–205: GFA 17/641815, 1964, Max Graf

Impressum

Der Verlag Hier und Jetzt wird vom Bundesamt für Kultur mit einem Strukturbeitrag für die Jahre 2016–2020 unterstützt.

Dieses Buch ist nach den aktuellen Rechtschreibregeln verfasst. Quellenzitate werden jedoch in originaler Schreibweise wiedergegeben. Hinzufügungen sind in [eckigen Klammern] eingeschlossen, Auslassungen mit […] gekennzeichnet.
Generell wurde in diesem Buch auf eine geschlechtsneutrale Formulierung geachtet. In wenigen Ausnahmefällen entschied sich die Autorin in den Bildergeschichten für die in den Quellen verwendeten geschlechtsspezifischen Bezeichnungen, um den historischen Kontext der Fotografien adäquat wiederzugeben.

Umschlagbilder: Pressen von Fittingsproben, Tempergiesserei, Schaffhausen, 1942 (vorne); Kernmacherin, Tempergiesserei, Schaffhausen, 1943 (hinten)

Lektorat: Rachel Camina, Hier und Jetzt
Gestaltung und Satz: Simone Farner und Naima Schalcher, Hier und Jetzt
Bildbearbeitung: Benjamin Roffler, Zürich
Druck und Bindung: Kösel GmbH, Altusried-Krugzell

© 2018 Hier und Jetzt, Verlag für Kultur und Geschichte GmbH, Baden, Schweiz
www.hierundjetzt.ch
ISBN deutsche Druckausgabe
978-3-03919-427-8
ISBN englische Druckausgabe
978-3-03919-451-3